Die vier Jahreszeiten

Pia Kempf-Schmid

Die vier Jahreszeiten

Kindergeschichten zum Träumen

Bibliografische Information der Deutschen Nationalbibliothek:
Die Deutsche Nationalbibliothek verzeichnet diese Publikation in der
Deutschen Nationalbibliografie; detaillierte bibliografische Daten sind im
Internet über
< http://dnb.d-nb.de > abrufbar.

©2008 Pia Kempf-Schmid
Illustrationen: Cornelia Mock
Satz, Umschlagdesign, Herstellung und Verlag: Books on Demand GmbH,
Norderstedt
ISBN: 978-3-8334-8615-9

Inhaltsverzeichnis

Winter

Übers Jahr

Die vier Jahreszeiten

Frühling

Die Regentropfen und die Frühlingsblumen

Regentropfen tanzen vom Himmel herunter. Die einen landen auf der Straße, andere auf dem Hausdach und wieder andere auf der Wiese und im Garten. Plötzlich sagt eine Stimme zu den Regentropfen, die im Garten gelandet sind: »Wir freuen uns über euren Besuch.«

Die Regentropfen wissen nicht, wer zu ihnen spricht. Deshalb fragen sie: »Wer spricht mit uns?«

»Wir sind es, die Schneeglöckchen, Krokusse, Tulpenzwiebeln und Osterglocken. Wir sind einige der ersten Blumen, die im Frühling wieder Farbe in den Garten bringen. Bis vor wenigen Tagen war hier alles noch mit Schnee bedeckt und als wir unsere Blattspitzen aus der Erde streckten, mussten wir frieren.«

Da wundern sich die Regentropfen. »Weshalb seid ihr nicht erfroren, wenn ihr während des ganzen Winters im Boden gewesen seid? Es war doch so kalt und Schnee hat es auch sehr viel gegeben.«

»Wir waren ganz tief unten in der Erde. Und der Schnee im Garten hat uns und den Boden zugedeckt. Durch diese Schneedecke konnte die klirrende Kälte nicht bis zu uns hinab in die tiefe Erde gelangen. Ohne sie wären wir wahrscheinlich erfroren. Aber jetzt freuen wir uns auf den Frühling und die warmen Sonnenstrahlen. Unsere Lebensgeister erwachen langsam. Doch damit wir wachsen und unsere Blüten erblühen, brauchen wir neben Wärme auch Wasser. Am liebsten haben wir Regentropfen wie euch, Regentropfen, die nicht zu kalt sind.«

Jetzt freuen sich die Regentropfen. »Dann ist es ja gut, dass wir bei euch im Garten gelandet sind«, sagen sie.

»Genau so ist es«, bestätigen die Blumenzwiebeln.

»Ihr seid bestimmt wunderschön, wenn ihr blüht. Schade, dass wir das nicht sehen können«, bedauern nun einige Regentropfen.

Die Blumen haben riesigen Durst. Sie trinken viel von den frischen Regentropfen und wachsen jeden Tag ein bisschen. Die restlichen Regentropfen treffen sich im Erdloch neben dem großen Stein. Die Blumenzwiebeln sehen das und fragen: »Was macht ihr denn da, habt ihr eine Regentropfenversammlung?«

»Wir warten auf den Tag, an dem die Sonne ihre Strahlen zu uns herabschickt, damit wir mit ihnen wieder zum Himmel emporsteigen können. Nach einer Weile in den Wolken purzeln wir erneut auf die Erde zurück. Vielleicht können wir euch dann wieder besuchen.«

»Das würde uns sehr freuen. Wir hoffen ganz fest, dass ihr wieder bei uns seid, wenn unsere Blüten richtig schön blühen und leuchten. Macht euch nun auf den Weg, sonst sind wir bis zu eurem nächsten Besuch vielleicht bereits verblüht.«

»So schnell können wir leider nicht losziehen. Wir müssen ja auf den Sonnenschein warten«, antworten die Regentropfen. Aber sie müssen nicht lange warten. Am nächsten Tag scheint die Sonne und es wird wunderbar warm. Schon bald klettern die ersten Regentropfen die Sonnenstrahlenleiter empor und zurück in den Himmel. Oben sammeln sie sich in einer Wolke. Jeden Tag werden es mehr. »Einen Tag müssen wir noch warten, bis wir genügend Regentropfen sind. Danach werden wir der Wolke zu schwer und sie lässt uns fallen«, sagen die Regentropfen zueinander. »Wir freuen uns schon auf die neue Reise, vor allem freuen wir uns aber auf den Besuch bei den Frühlingsblumen.«

Und tatsächlich, am nächsten Morgen ist es soweit. Die Wolke öffnet sich und alle Regentropfen machen sich auf die Reise Richtung Erde. Plitsch, platsch, plitsch, platsch ... So hört es sich an, wenn die Regentropfen auf die Erde fallen.

»Regentropfen, seid ihr es?«, fragt eine feine Stimme.

»Ja, wir sind es«, antworten die Regentropfen ganz aufgeregt. »Zum Glück hat der Wind nicht geweht, sonst hätte er uns davongetragen und wir wären nicht wieder bei euch im Garten gelandet. Nun sind wir aber hier und wollen eure schönen Blüten sehen. Wir sind sehr gespannt darauf.«

»Die Schneeglöckchen und Krokusse sind leider schon verblüht, aber von uns Tulpen und den Osterglocken blühen noch einige«, sagen die Blumen.

Die Regentropfen staunen sehr, als sie die prächtigen Tulpenblüten und die gelb leuchtenden Osterglocken sehen. »Wir konnten uns nicht vorstellen, wie wunderschön ihr seid. Bei uns im Himmel ist es niemals so bunt wie bei euch.« Sie können sich an den schönen Frühlingsblumen fast nicht satt sehen. »Damit wir auch erfahren, wie die Schneeglöckchen und die Krokusse aussehen, kommen wir im nächsten Frühling einfach wieder bei euch vorbei«, sagen sie schließlich zu den Blumen.

»Euer Besuch würde uns sehr freuen«, antworten die Blumen.

»Also, dann bis nächsten Frühling«, sagen die Regentropfen, verabschieden sich von den Frühlingsblumen und bereiten sich wieder auf ihre Weiterreise vor.

Im nächsten Frühling landen sie erneut im selben Garten. Diesmal aber zur rechten Zeit, so dass sie die blühenden Schneeglöckchen und Krokusse bestaunen können. Und als sie sich anschließend wieder in der Wolke mit anderen Regentropfen treffen, erzählen sie von den schönen Frühlingsblumen. So besuchen jedes Jahr einige Regentropfen die Frühlingsblumen und bewundern sie.

Warum die Tage im Frühling länger werden

Lieber Mond, du bist doch schon so alt und weißt immer so viel. Kannst du uns sagen, weshalb im Frühling die Tage auf der Erde länger werden?«, fragen die Sterne den Mond.

»Nein, das kann ich nicht. Ich weiß es selbst nicht. Eigentlich habe ich mir das noch gar nie so genau überlegt. Aber wisst ihr was? Ich werde heute Nacht die Wolke fragen. Sie kann uns bestimmt weiterhelfen«, antwortet der Mond.

Die Sterne bedanken sich und warten gespannt auf den nächsten Abend. Als es wieder Nacht ist, wenden sich die Sterne erneut an den Mond und möchten wissen, ob er etwas herausgefunden hat.

Doch der Mond sagt: »Für heute muss ich euch enttäuschen, denn die Wolke weiß es auch nicht. Aber ich habe noch eine andere Idee. Während der letzten Nacht habe ich den Fuchs und den Uhu auf der Erde gesehen. Vielleicht können uns die beiden weiterhelfen. Kommt morgen Abend wieder bei mir vorbei, vielleicht weiß ich dann mehr.«

Doch als der Mond zur Erde hinabrollt, um den Fuchs zu besuchen, versteckt sich dieser hinter einem Gebüsch.

»Du brauchst keine Angst vor mir zu haben, ich möchte dich nur etwas fragen«, beruhigt der Mond schnell den Fuchs.

»Ich werde deine Frage nur beantworten, wenn du mir eine dicke Maus zum Fressen fängst«, sagt der Fuchs.

»Das kann ich nicht, lieber Fuchs«, antwortet da der Mond.

»Dann musst du weiterziehen. Ich helfe niemandem umsonst«, knurrt der Fuchs.

So zieht der Mond enttäuscht weiter und versucht, den Uhu zu finden. Suchend leuchtet er in den Wald hinein. Und tatsächlich, er entdeckt den Uhu auf der alten Buche.

»Wer blendet mich da mitten in der Nacht?«, will der Uhu wissen.

»Ich bin's, der Mond.«

»Ja, solltest du nicht am Himmel oben sein?«, fragt der Uhu besorgt.

»Doch, schon, aber ich habe da eine Frage: Kannst du mir sagen, warum die Tage im Frühling länger werden?«

»Nein, das kann ich leider nicht. Aber frag doch die Sonne. Die weiß es bestimmt«, antwortet der Uhu.

»Da sie tagsüber am Himmel steht und ich während der Nacht, habe ich noch gar nie daran gedacht, sie danach zu fragen. Ich will versuchen, die Sonne morgen kurz nach ihrem Aufgang zu besuchen und sie zu fragen«, sagt da der Mond, bedankt sich freundlich beim Uhu und rollt zurück in den Himmel.

Und noch bevor die Sonne am anderen Morgen aufgeht, macht sich der Mond auf den Weg zu ihr. Er sagt: »Guten Tag, liebe Sonne. Schön, dich auch mal wiederzusehen. Weil du tagsüber am Himmel stehst und ich während der Nacht, ist es schwierig für uns, miteinander zu plaudern. Freust du dich eigentlich auch auf den Frühling und die wärmere Jahreszeit?«

»Ja, auf den Frühling freue ich mich auch. Am meisten gefallen mir am Frühling die vielen blühenden Bäume und Blumen«, antwortet die Sonne strahlend.

»Das gefällt mir auch sehr«, sagt der Mond und fügt hinzu: »Ich hätte da noch eine Frage: Kannst du mir sagen, weshalb die Tage im Frühling auf der Erde länger werden? Warum es früher hell wird und es am Abend länger hell bleibt? Ich bin zwar schon steinalt, stehe seit Jahren am Himmel, aber das weiß ich trotzdem nicht.«

»Ja, das kann ich dir sagen. Das ist ganz einfach, lieber Mond, im Sommerhalbjahr bin ich weiter von der Erde entfernt als im Winterhalbjahr. Deshalb kann ich im Sommerhalbjahr einen viel größeren Teil von der Erde beleuchten als im Winterhalbjahr.«

»Das verstehe ich nicht«, sagt der Mond.

»Es hört sich vielleicht kompliziert an, aber eigentlich ist es ganz einfach«, sagt die Sonne. »Stell dir doch mal vor, ich bin wie jetzt ganz nahe bei dir. Ich leuchte und zünde dir direkt ins Gesicht. Nur ein kleiner Teil von dir wird dabei beleuchtet. So ist es auch bei mir und der Erde im Winterhalbjahr. Wenn ich aber weiter von dir weg bin und meine Sonnenstrahlen zu dir schicke, wird dein ganzes Vollmondgesicht beleuchtet. Genauso geschieht es bei mir und der Erde im Sommerhalbjahr. Da ich im Frühling langsam jeden Tag ein Stück weiter von der Erde weg wandere, strahle ich eine immer größere Fläche an. Deshalb werden die Tage auf der Erde langsam länger.«

»Jetzt verstehe ich. Danke für deine Erklärungen, liebe Sonne«, sagt der Mond und fügt noch an: »Endlich kann ich es den Sternen erzählen, denn sie warten schon lange auf eine Antwort von mir.«

»Aber vergiss nicht, während der Nacht auf die Erde zu leuchten«, lacht da die Sonne.

»Nein, das werde ich bestimmt nicht vergessen«, verspricht der Mond. »Ich wünsche dir einen wunderschönen Frühlingstag und nochmals herzlichen Dank.«

»Bitte, gern geschehen«, sagt die Sonne. Und dann geniesst sie wirklich einen schönen Frühlingstag, denn es gibt keine einzige Wolke am Himmel.

Bienenvolk

Die Frühlingsblumen verteilen eine wunderschöne Farbenpracht über das ganze Land. Und auch in den Bienenstock kehrt mit dem Frühling wieder das Leben zurück. Die Bienen bewegen sich wieder mehr und reinigen ihre Wohnung. Sie machen einen Frühlingsputz und werfen dabei alles aus ihrem Stock, was über den Winter liegen geblieben ist. Die Königin sagt: »Die Tage sind nun wieder wärmer und die ersten Frühlingsblumen strecken uns ihre schönen Blüten entgegen. Die Arbeiterinnen, die mit Putzen fertig sind, sollen bitte losfliegen und feinen, frischen Nektar und Blütenpollen suchen.«

Das lassen sich die Arbeiterinnen nicht zweimal sagen. »Das machen wir sehr gern«, summen die Bienen zur Antwort und die ersten fliegen bereits aus. Sie haben sich schon lange auf diesen Tag gefreut, denn über die kalte Jahreszeit war es im Bienenstock ziemlich eng. Tatsächlich finden sie viele Blumen, die ihnen mit ihren leuchtenden Blüten entgegenstrahlen. Aus den Blüten saugen sie feinen Nektar. Die Blütenpollen tragen sie mit einem Pollenhöschen an ihren Bienenbeinen in den Bienenstock.

»Da seid ihr ja schon wieder«, sagt die Königin zu den ersten Arbeiterinnen, die mit einem vollen Honigmagen und prallen Pollenhöschen zurück in den Stock fliegen.

»Wir haben einiges gefunden und müssen nun unsere Mägen und Pollenhöschen leeren«, antworten die fleißigen Arbeiterinnen. Den Nektar legen sie in die Honigwaben. Aus diesem machen sie Honig. Da er aber noch zu viel Wasser in sich hat, müssen sie ihn mehrmals aus den Waben nehmen und in eine andere Wabenzelle füllen. Dabei entziehen sie ihm Wasser. So wird er langsam dickflüssig und kann anschließend

gegessen werden. Die Pollen, die von den Arbeiterinnen mit den Pollenhöschen nach Hause getragen wurden, legen sie in ihre Futterwaben. Sie dienen ihnen als Essen und werden herausgeholt, wenn sie Hunger haben. Honig können sie daraus keinen machen.

»Ich habe Hunger«, ruft die Königin. »Kommt und bringt mir von den feinen Pollen und dem Nektar, den ihr heimgebracht habt.« Sofort versammeln sich fünf Arbeiterinnen um die Königin und füttern sie. »Das schmeckt aber königlich. Es gibt einfach nichts Besseres als frischen Nektar und feine Pollen«, sagt die Königin voller Stolz und bedankt sich bei ihren Arbeiterinnen. »Nun habe ich wieder neue Kraft und kann viele Eier legen, damit es junge Bienen gibt. Wir wollen ja schließlich ein starkes Volk werden, damit wir gemeinsam viel Nektar für den Honig sammeln können«, sagt die Königin zu ihren Arbeiterinnen.

In jedem Bienenstock lebt nur eine Königin. Ansonsten leben dort noch viele Arbeiterinnen und einige Drohnen. Die Drohnen sind die Männer im Hause. Sie sind größer als die Arbeiterinnen, aber kleiner als die Königin. Sie können nicht stechen, da sie keinen Stachel haben. Nektar sammeln sie auch keinen. Das machen nur die fleißigen Arbeiterinnen.

Eine junge Arbeiterin geht zur Königin und sagt: »Liebe Königin, wir Arbeiterinnen müssen dich füttern, weil du dir das Futter nicht selbst holen gehst. Dafür legst du mehrere hundert Eier pro Tag, musst also auch hart arbeiten. Die Drohnen aber sehe ich nur auf den Waben herumkrabbeln und unseren Nektar fressen. Sie arbeiten gar nicht. Wozu brauchen wir sie überhaupt in unserem Stock?«

»Liebe Arbeiterin, die Drohnen brauchen wir, damit ich kleine Bieneneier legen kann. Sie spritzen auf der Hochzeitsreise ihre Samen in mich hinein. Nur deshalb kann ich Eier legen, aus denen junge Bienen schlüpfen, wie du eine bist.«

»Aha, so ist das«, staunt die junge Biene.

»Du siehst, so hat jeder von uns seine Aufgabe im Bienenstock. Du als Arbeiterin bringst uns die Nahrung und die
Drohnen helfen mir dabei, unser Volk zu vermehren. Und nur
wenn wir alle unsere Aufgaben erfüllen, sind wir ein gesundes
Volk und haben feinen Honig in unseren Waben.«

»Das verstehe ich jetzt«, sagt da die junge Biene. »Danke
für deine Erklärung. Nun muss ich mich aber auch wieder
an die Arbeit machen und Nektar und Pollen suchen gehen.«
Damit verabschiedet sie sich schnell von der Königin, um ihre
Aufgabe zu erfüllen. Auf ihrem Flug zu den Blumen denkt sie:
Zum Glück kommen die meisten Bienen als Arbeiterinnen auf
die Welt. Wenn es nur Drohnen und Königinnen geben würde,
würde niemand Nektar sammeln und es gäbe keinen feinen
Honig.

Blumenzwiebeln beim Morgenturnen

Es wird langsam wärmer. Der Schnee schmilzt auf allen Dächern, auf den Feldern und im Wald. »Ah, ich muss mich strecken. Nach diesem langen Winter habe ich genug vom Zusammengekauertsein«, sagt die Blumenzwiebel zu ihren Nachbarn.

»Stimmt«, sagen die anderen im Chor. »Du hast recht. Wir sollten uns langsam bewegen. Die Sonne hat die Erde um uns herum bereits ein wenig aufgewärmt, so dass wir nicht mehr frieren müssen.«

So beschließen die Blumenzwiebeln, sich ab heute jeden Tag ein wenig mehr zu bewegen. Nur die alte Brummelzwiebel murmelt: »Ach, meine Wurzelfüße sind noch fast festgefroren. Jedes Jahr ist es dasselbe. Und mir scheint es in den letzten Jahren noch viel schlimmer geworden zu sein. Es braucht jeden Frühling viel, ja, sehr viel Kraft, um zu wachsen.«

»Das stimmt«, antwortet die Zwiebel mit dem dicksten Bauch. »Wir Blumenzwiebeln sind aber dafür da, dass wir nach dem Winter als Erste der Welt die Farben zurückbringen. Und dafür braucht es uns alle.«

»Du kannst gut reden«, brummt die Brummelzwiebel. »Du bist noch jung und kräftig. Aber ich habe schon einige Jahre hinter mir. Nun bin ich alt, müde und habe einfach keine Lust mehr.«

»Komm mit uns. Wir brauchen auch dich, um die Welt mit Farbe zu verzaubern«, sagt Zwiebel Dickbauch.

»Also gut. Aber gebt mir bitte genügend Zeit«, seufzt die alte Zwiebel.

»Einverstanden«, sagt Zwiebel Dickbauch. »Übrigens, morgen nach dem Sonnenaufgang machen wir eine Turnstunde, damit uns allen schneller warm wird.«

»Turnen in den Morgenstunden? Das ist nichts für so alte Zwiebeln wie ich eine bin«, entrüstet sich da die alte Brummelzwiebel.

»Doch, doch. Eben gerade für dich ist das gut. Denn um gut wachsen zu können, brauchst du genügend Wärme. Einen Teil davon gibt dir die Sonne. Wenn du aber zu den ersten Frühlingsblumen gehören willst, musst du dich selbst bewegen, damit dir warm wird. Deshalb hat unser Blumenzwiebelrat vor einem Monat beschlossen, nach der Schneeschmelze Morgenturnen zum Aufwärmen einzuführen. Morgen findet es zum ersten Mal statt. Komm doch auch.«

»Ach, ich weiß nicht, ob ich dabei sein werde«, murmelt Brummelzwiebel.

»Es würde mich freuen, dich zu sehen. Bis dann«, sagt Zwiebel Dickbauch.

Am anderen Morgen, kurz nach Sonnenaufgang, macht sich Brummelzwiebel aus lauter Neugier auf den Weg zum großen Turnplatz. Alle Blumenzwiebeln sind dort versammelt. Das Turnen hat bereits angefangen. Brummelzwiebel versteckt sich hinter einem großen Stein und schaut von dort aus zu. Gott sei Dank bin ich nicht dabei, denkt sie. Das, was die da machen, wäre viel zu anstrengend für mich. Schließlich bin ich nicht mehr die Jüngste.

In diesem Moment entdeckt Zwiebel Dickbauch die Brummelzwiebel. »Hey, Brummelzwiebel, schön dich hier zu sehen. Das Turnen macht Spaß. Komm zu uns und mach mit.«

Brummelzwiebel schüttelt schnell den Kopf und sagt: »Nein, nein, lass nur. Ich schaue gerne zu. Mitturnen will ich nicht.«

»Komm, es ist nicht so schwierig. Versuch es doch mal.« So überredet Zwiebel Dickbauch schließlich Brummelzwiebel zum Mitmachen.

Zuerst müssen die im Winter müde gewordenen Wurzelbeine und Wurzelfüße kräftig geschüttelt werden. Damit sie stärker werden, hüpfen die Zwiebeln auf einer Wurzel, dann auf zweien und dann auf dreien, bis alle Wurzeln gestärkt sind. Um ihre Beweglichkeit vom letzten Sommer zurückzubekommen, müssen sich alle Blumenzwiebeln auf die Seite legen, dreimal rechts und anschließend dreimal links herum drehen.

»Oh, das Drehen hab ich gar nicht gern. Es wird mir schwindlig dabei«, sagt Brummelzwiebel. Als sie aufstehen will, muss sie sich gleich wieder hinsetzen. »Hab doch gewusst, dass mir das Turnen nicht gut tut«, brummelt Brummelzwiebel vor sich hin.

»Dir wird es beim Drehen schwindlig und ich kann wegen meinem dicken Bauch fast nicht mehr aufstehen«, sagt Zwiebel Dickbauch schmunzelnd und streckt Brummelzwiebel die Wurzelarme entgegen. »Brummelzwiebel, komm, halt meine Arme fest. Wenn wir gleichzeitig ziehen, können wir gemeinsam aufstehen.«

Als schließlich auch Brummelzwiebel und Zwiebel Dickbauch wieder bereit sind, geht das Turnprogramm weiter. Alle müssen einen Handstand machen und zweimal um den großen Stein herumlaufen, hinter dem sich Brummelzwiebel versteckt hatte. »Zum Glück bin ich nicht mehr in meinem Versteck. Spätestens jetzt hätten mich alle entdeckt und vermutlich ausgelacht«, murmelt Brummelzwiebel.

Nach diesem Morgenturnen sind Zwiebel Dickbauch, Brummelzwiebel und alle anderen richtig geschafft. Während der nächsten Wochen findet jeden Tag so eine Turnstunde statt. Zwiebel Dickbauch überredet Brummelzwiebel jedes Mal, mitzumachen. Endlich wird es noch wärmer und für die Blumen ist der Tag gekommen, an dem sie ihre Blumenspitzen aus der Erde strecken können. Und Brummelzwiebel denkt: Auch wenn ich schon alt und oft ein wenig müde bin, so freue ich mich trotzdem auch dieses Jahr, meine Blumenspitzen aus der Erde zu stoßen. Und wie ich sehe, bin ich sogar die erste Blume, die das macht.

Jetzt ist sie schon ein wenig stolz.

»Hey, Brummelzwiebel, ich habe dich noch nie so leuchten und strahlen sehen wie heute«, sagt Zwiebel Dickbauch erfreut. »Anscheinend haben dir die Turnübungen der vergangenen Wochen gut getan«, fügt sie ein wenig spöttisch hinzu.

»Wer weiß«, antwortet Brummelzwiebel, »wenn ich im nächsten Frühling noch mehr turne, werde ich nicht nur die Blume sein, die als Erste ihre Spitzen aus der Erde streckt, sondern auch noch die mit dem längsten Stiel und dem schönsten Blütenkopf.«

»Lassen wir uns überraschen«, sagt Zwiebel Dickbauch schmunzelnd. Dann genießen sie gemeinsam Tag für Tag die warme Frühlingssonne.

Vogel Meise und Herr Amsel

Guten Morgen, Vogel Meise. Hast du gut geschlafen?«, begrüßt Herr Amsel Vogel Meise.

»Ja, Herr Amsel, das habe ich. Nur eines stört mich«, zwitschert Vogel Meise.

»Was denn?«, will Herr Amsel wissen.

»Langsam, aber sicher habe ich genug vom Winter. Eigentlich sollte doch längst der Frühling da sein. Bald ist Ostern und es liegt immer noch Schnee auf den Feldern.«

»Du hast recht, Vogel Meise. Aber was können wir zwei Vögel schon machen, dass der Frühling langsam, aber sicher aus seinem viel zu langen Winterschlaf erwacht?«

»Wenn ich das wüsste, hätte ich es schon längst getan«, antwortet Vogel Meise.

»Vogel Meise, ich habe da eine Idee«, sagt Herr Amsel. »Morgen früh machen wir uns gemeinsam auf die Suche nach dem Frühling. Vielleicht hat er sich irgendwo versteckt und wir haben ihn bis dahin nur nicht gesehen.«

Vogel Meise ist einverstanden.

Am nächsten Morgen treffen sie sich bei der alten Buche. Als Herr Amsel geflogen kommt, zwitschert Vogel Meise: »Herr Amsel, wie siehst du denn aus? Bist du einer Katze zwischen die Zähne gekommen?«

»Nein, bin ich nicht. Aber letzte Nacht muss ich tief und fest geschlafen haben. Plötzlich kam ein Windstoß und stieß mich aus meinem Nest. Ich erwachte erst, als ich neben dem Baum im Schnee lag. Dabei wurde mein Federkleid ganz zerzaust.«

»Gott sei Dank hast du dich nicht ernsthaft verletzt. Sonst müsste ich mich alleine auf die Suche nach dem Frühling machen«, antwortet Vogel Meise erleichtert.

Gemeinsam fliegen sie nun los und halten nach dem Frühling Ausschau. Am Waldrand entdecken sie einen Fuchs. Der fragt neugierig: »Was führt euch zwei zu uns in den Wald?«

»Herr Fuchs, wir suchen den Frühling. Hast du ihn gesehen?«, will Herr Amsel von ihm wissen.

»Nein, der ist mir auch noch nicht begegnet«, knurrt der Fuchs.

Da verabschieden sich die Vögel eilig vom Fuchs und fliegen weiter. Sie entdecken einen Feldhasen, der über den Schnee hoppelt. »Feldhase, sag, hast du den Frühling gesehen?«, fragt Vogel Meise.

»Nein, habe ich nicht. Aber ich wäre froh, wenn er bald kommt. Denn die Jungen in meinem Bauch wachsen und wachsen und werden bald zur Welt kommen.«

»Wenn wir ihn finden, schicken wir ihn auch zu dir«, antwortet Vogel Meise.

»Danke, das ist sehr lieb von euch«, sagt da der Hase.

Die beiden Vögel verabschieden sich vom Feldhasen und fliegen weiter. Doch egal, wo sie hinkommen, überall liegt noch Schnee und niemand hat den Frühling gesehen, obwohl er eigentlich schon längst hätte da sein sollen.

»Ich bin müde und möchte nach Hause«, sagt schließlich Vogel Meise. »Wenn du willst, kannst du heute bei mir übernachten. Dann können wir morgen überlegen, wo wir den Frühling noch suchen wollen.«

»Gute Idee«, antwortet Herr Amsel. So machen sie sich gemeinsam auf den Heimweg. Bevor sie einschlafen, wünschen sie sich noch eine gute Nacht.

Am nächsten Morgen erwacht Herr Amsel vor Vogel Meise und versucht, sich zu erinnern, wie es in den letzten Jahren war, wenn der Frühling erwachte. Er denkt: Eigentlich waren es immer die Frühlingsblumen, die uns mit ihren schönen Farben zeigten, dass der Frühling nicht mehr weit ist. Aber dieses Jahr habe ich noch keinen einzigen Krokus und kein Schneeglöckchen gesehen. Was sollen wir bloß tun?

Als Vogel Meise erwacht, sagt Herr Amsel: »Ich habe nachgedacht, was wir noch unternehmen könnten. Gestern haben wir den Frühling gesucht, ihn aber nicht gefunden. Vielleicht kann uns ja der Winter weiterhelfen.«

»Aber wer soll das sein?«, fragt Vogel Meise.

»Auf unserem Flug gestern sind wir an einem Schneemann vorbeigekommen. Komm, wir fliegen nochmals zu ihm. Vielleicht kann er uns weiterhelfen.«

Als sie beim Schneemann landen, fragt Herr Amsel: »Schneemann, kannst du uns sagen, wo der Frühling bleibt?«

»Ja, das kann ich. Bis heute habe ich es niemandem verraten. Denn wenn der Frühling kommt, geht der Winter und wir Schneemänner schmelzen dahin.«

»Das wissen wir. Weil der Frühling für euch Schneemänner zu warm ist. Aber wo ist er nun, der Frühling?«, drängen die beiden Vögel.

»Der Frühling kommt nicht einfach so. Ihr Vögel habt die Aufgabe, ihn zu rufen. Wenn ihr von nun an jeden Tag ein Morgenlied pfeift, wird sich der Frühling bald zeigen.«

»Du meinst wirklich, unser Pfeifen hilft?«, fragen die Vögel misstrauisch.

»Wenn ihr es nicht ausprobiert, könnt ihr nicht herausfinden, ob ich euch die Wahrheit sage«, antwortet der Schneemann schmunzelnd.

»Gut, wir fangen gleich morgen damit an. In einer Woche kommen wir wieder bei dir vorbei und wir werden sehen, was sich bis dahin verändert hat.«

»Sollte ich nicht mehr hier sein, weil ich ja bekanntlich die warme Frühlingssonne schlecht vertrage, wünsche ich euch bereits heute ein schönes Jahr«, sagt der Schneemann.

Die nächsten Nächte verbringen Herr Amsel und Vogel Meise wieder auf demselben Baum, damit sie am Morgen gemeinsam das Morgenlied pfeifen können. Am ersten und am zweiten Tag ist keine Veränderung zu sehen. Da sagt Herr Amsel: »Heute fliegen wir nochmals zum Schneemann. Der hat uns angelogen. Wir pfeifen und pfeifen, doch es geschieht nichts!«

»Nein, wir haben gesagt, wir kommen erst in einer Woche wieder bei ihm vorbei. Soviel Zeit müssen wir uns schon lassen«, sagt Vogel Meise. Und so pfeifen sie am dritten und vierten Tag wieder ihr Morgenlied.

»Herr Amsel, Herr Amsel, sieh nur, dort drüben schauen die ersten Frühlingsblumen aus der Erde«, ruft Vogel Meise am fünften Tag aufgeregt.

»Stimmt, ich sehe sie auch. Anscheinend hat der Schneemann uns doch nicht angelogen und der Frühling hat nur auf unseren Vogelgesang gewartet«, piepst Herr Amsel.

Während den nächsten Tagen strecken immer mehr Frühlingsblumen ihre Köpfe aus dem Boden. Die Sonne scheint wärmer und lässt den letzten Schnee schmelzen. »Nun ist eine Woche seit unserem Besuch beim Schneemann vergangen. Heute fliegen wir zu ihm, wie abgemacht«, sagt Herr Amsel.

Als sie bei ihm eintreffen, finden sie einen Schneemann, der nicht mehr viel größer ist als sie selbst. »Schneemann, schön, dass wir dich noch sehen. Du hattest recht. Wir haben während der vergangenen Woche immer unser Morgenlied gepfiffen. Und nun ist der Frühling gekommen.«

»Schön für euch, dass es geklappt hat. Für uns Schneemänner ist es nun Zeit, zu gehen. Macht's gut.« Und schon ist der Schneemann wieder ein Stückchen kleiner geworden. Wenige Stunden später sind nur noch seine Nase, die Knopfaugen und sein Hut zu sehen. Alles andere hat die Sonne schmelzen lassen.

Herr Amsel und Vogel Meise freuen sich, den Frühling doch noch gefunden zu haben. Sie sind dem Schneemann sehr dankbar für seinen Ratschlag und besuchen ihn von nun an immer vor dem Frühlingsanfang.

Der Glitzerstein

Die Sonne scheint und lässt alle Frühlingsblumen in prächtigen Farben leuchten. Ein Stein, der im kleinen Bachbett liegt, glitzert und leuchtet gold-silbern. Er ist ein Glitzerstein. Ein kleiner Fisch schwimmt an diesem Stein vorbei: »Oh, siehst du schön aus. Du glitzerst ja richtig«, sagt er zum Stein.

Der Stein antwortet: »Mach, dass du weiterkommst. Ich will Sonnenstrahlen einfangen, damit ich glänzen kann.«

Der kleine Fisch hätte den wunderschönen Stein gerne noch länger bestaunt, schwimmt nun aber weiter. Kurze Zeit später springt ein Eichhörnchen auf den Ästen des Strauches umher. Als es vom Glitzern des Steines geblendet wird, bleibt es sitzen und sagt: »Ach, wie schön du aussiehst. Du bist ja ein richtiger Glitzerstein.«

»Du wirfst einen Schatten auf mich. Ich will aber Sonnenstrahlen einfangen, damit ich glänzen kann. Mach, dass du weiterkommst«, brummt der Stein ungehalten.

Auch das Eichhörnchen hätte gern mit dem schönen Stein noch ein wenig geplaudert, springt nun aber weiter von Ast zu Ast.

Eine Ente schwimmt mit ihren Jungen auf dem Wasser. Als sie den Glitzerstein entdeckt, schwimmt sie schnell zu ihm hin und stellt sich auf ihn drauf.

»Was fällt dir ein«, meckert da der Stein. »Ich will Sonnenstrahlen einfangen, damit ich glänzen kann. Mach, dass du mit deiner Jungmannschaft weiterkommst.«

Die Ente ist erstaunt über diese Worte. Eigentlich hätte sie gern noch eine Weile auf diesem besonderen Stein gestanden. Aber auch sie schwimmt mit ihren Jungen schnell weiter und lässt den Stein allein.

Eines Morgens, es ist noch nicht richtig hell, hört der Glitzerstein, wie es auf die Wasseroberfläche tropft. Es regnet. »Die Regentropfen kann ich nicht gebrauchen. Damit ich glitzere und der schönste Stein im ganzen Bächlein bin, muss ich Sonnenstrahlen einfangen. Wo bleibt denn meine Frühlingssonne? Schließlich habe ich den ganzen langen, kalten Winter auf sie gewartet«, schimpft der Glitzerstein. Aber alles Schimpfen nützt nichts. Es regnet und regnet und hört über mehrere Tage nicht auf. Mit jedem Regentag schimpft der Glitzerstein mehr. Doch die Sonne versteckt sich weiter hinter schwarzen, dicken Regenwolken. Doch dann, nachts, alles ist dunkel, hört der Regen endlich auf. Der Mond und die Sterne leuchten hin und wieder durch die Wolkendecke. Sie sehen den unglücklichen Glitzerstein. Deshalb fragen sie: »Wunderschöner Glitzerstein, weshalb bist du so traurig?«

»Ach«, jammert der Glitzerstein, »ich möchte so gern wieder glitzern. Doch dafür muss ich jeden Tag Sonnenstrahlen einfangen. Glitzern kann ich am besten. Doch während der vergangenen Tage hat es immer nur geregnet und die Sonne hat sich versteckt.«

»Es gibt auch noch andere schöne Sachen für dich auf der Welt als zu glitzern. Hast du es schon mal mit Musik versucht?«

»Nein, habe ich nicht«, antwortet der Glitzerstein.

»Dann probier es doch mal. Schließlich bist du ein prächtiger und großer Stein, du kannst bestimmt schöne Steinmusik klopfen. Schau nur, was dann passiert.«

»Soll ich das wirklich versuchen?«, fragt der Glitzerstein.

»Ja, denn wenn du es nicht versuchst, wirst du nie erfahren, was dann passiert«, antworten die Sterne und der Mond im Chor.

Am nächsten Morgen, der Glitzerstein kann es kaum erwarten, bis es richtig hell ist, beginnt er Steinmusik zu machen. Er klopft mal fest und dann wieder ganz fein. Seine Musik tönt wunderschön. Selbst die Sonne blinzelt zwischen den Wolken hervor, als sie die schöne Musik hört. Ganze Fischschwärme kommen dahergeschwommen, kleine Kieselsteine rollen zum Glitzerstein hin. Und am Rande des Bächleins stehen viele Vögel, Eichhörnchen und Hasen mit ihren Jungen, und unzählige andere Tiere. Sogar die Frühlingsblumen neigen ihre Köpfe zum Glitzerstein hin, so dass sie ihn besser hören können. Alle sind fasziniert von der Glitzersteinmusik. Sie applaudieren und können nicht genug davon bekommen. Der Glitzerstein dankt ganz leise den Sternen und dem Mond für ihre Idee, so dass es niemand anders hören kann. Von diesem Tag an glitzert der Glitzerstein nicht nur, wenn die Sonne scheint, sondern auch, wenn er Steinmusik macht.

Die vier Jahreszeiten

Sommer

Dicki und der Sommerregen

Es ist ein heißer Sommertag. Den Schmetterlingen, Bienen und Käfern gefällt dieses Wetter sehr. Nur Wurm Dicki murmelt vor sich hin: »Ach, diese Hitze. Unsereins erträgt sie einfach schlecht. Ich sehne mir Tage mit Regen herbei. Denn dann wird es für uns Würmer wieder gemütlicher und wir müssen nicht immer aufpassen, dass wir keinen Sonnenbrand bekommen. Schließlich können wir ja keine Sonnencreme einstreichen und Sonnenbrillen hat für uns auch noch niemand erfunden. Es bleibt mir nichts anderes übrig, als wieder in meine Wurmgänge zu kriechen. Dort ist es nämlich angenehm kühl.« Und schon ist Wurm Dicki unter der Erdoberfläche verschwunden.

Die Schmetterlinge genießen das warme Wetter. Sie flattern vergnügt von Blume zu Blume, und da sie richtig fröhlich sind, schlagen sie zwischendurch Purzelbäume. Doch nun ziehen am Himmel langsam dunkle Wolken auf. Es sind Gewitterwolken. Niemand außer den Bienen bemerkt es. Sie fliegen langsam zurück zu ihrem Stock, da sie ungern nass werden. Schließlich wollen sie ihren gesammelten Nektar und ihre Pollen sicher nach Hause bringen. Die Käfer krabbeln weiter auf den Blumenstängeln und den Grashalmen umher. Sie bemerken nichts vom nahenden Gewitterregen.

Und Dicki? Der sagt zu sich selbst: »Ich glaube, ich sollte mal aus meinen Wurmgängen kriechen und schauen, ob es immer noch so heiß ist. Und vor allem will ich frische Luft schnappen.« Also streckt er seinen Kopf aus der Erde heraus und platsch ..., ein riesiger Tropfen fällt ihm auf den Kopf. Als er seine Augen wieder öffnet, sieht er auf einem Grashalm oberhalb seines Kopfes einen Marienkäfer. Dicki ruft ihm zu: »Ich finde es sehr unverschämt von dir, mir einfach auf den Kopf zu pinkeln.«

»Das hab ich nicht gemacht«, antwortet der Marienkäfer. »Ein großer Regentropfen hat mich getroffen. Beinahe wäre ich deswegen vom Grashalm gefallen. Sei froh, dass ich mich festhalten konnte, sonst wäre deine Nase jetzt platt.«

Dicki schaut ein wenig erstaunt zum Käfer empor und sagt: »Dann war es der Rest des Regentropfens, der mich getroffen hat?«

»Genau«, sagt der Käfer.

»Entschuldige. Ich wollte dich nicht zu unrecht verdächtigen«, sagt jetzt Dicki.

In der Zwischenzeit wechseln Blitz und Donner einander ab und es regnet immer mehr. Dicki kriecht nun ganz aus der Erde. »Oh, endlich Regen. Diese Tropfen sind eine Massage für meinen Körper«, sagt er schmunzelnd und genießt die Abkühlung. Schmetterlinge sind keine mehr zu sehen. Sie haben sich alle an einen trockenen Ort zurückgezogen und warten auf das Ende des Gewitters. Die Marienkäfer kriechen immer noch auf den Grashalmen umher. Wenn große Regentropfen auf den Halmen landen, können die Käfer Trampolin springen.

»Oh, das sieht aber lustig aus«, ruft Dicki ihnen zu, als er sie springen sieht.

Und weil es den Marienkäfern ebenfalls gefällt, springen sie weiter und weiter in die Luft und landen immer wieder auf den Grashalmen. Der jüngste Käfer landet plötzlich auf dem Rücken. Er strampelt und strampelt, um wieder auf die Beine zu kommen. Dies gelingt ihm erst, als ein weiterer schwerer Regentropfen auf dem Grashalm landet und er dadurch erneut in die Luft gewirbelt wird. Als er endlich wieder auf den Beinen ist, ruft Dicki ihm zu: »Komm herunter! Du kannst in meine Wurmgänge kriechen. Dort passiert dir nichts und du bleibst trocken.«

»Danke, nicht nötig. Schließlich regnet es nicht alle Tage. Das Trampolinspringen gefällt mir. Es ist lustig, richtig lustig«, ruft ihm der jüngste Marienkäfer voller Freude zu.

»Ja, wenn du meinst«, antwortet Dicki.

Schon nach kurzer Zeit hört der Regen wieder auf, die Sonne scheint erneut und trocknet alles mit ihren warmen Strahlen. Dicki ist enttäuscht. »Schade, schon ist der Sommerregen vorbei. Hoffentlich gibt es morgen auch wieder ein Gewitter, denn wenn es heiß ist, muss ich auch am Tage in meinen Wurmgängen bleiben und das ist langweilig. Viel lieber lasse ich meinen Körper von den Regentropfen massieren und schaue den Marienkäfern beim Trampolinspringen zu.«

Der allerschönste Regentropfentanz

*A*m Himmel ist eine dicke schwarze Wolke. Sie ist voll mit abertausenden von Regentropfen. Der größte Regentropfen meldet sich zu Worte und sagt: »Mir wird es langsam zu eng hier in unserem Wolkenhaus.«

Die anderen Regentropfen nicken und rufen: »Ja, wir finden es auch zu eng hier drinnen. Wir wollen raus, wir wollen raus!«

Da brummt die schwarze Wolke mit tiefer Stimme: »Hört auf mit dem Geschrei. Meine Ohren sind alt und ertragen diesen Lärm nicht. Es ist noch zu früh, um euch fallen zu lassen. Es ist noch Heu auf den Feldern, das die Bauern zuerst in die Scheune bringen müssen. Habt noch ein wenig Geduld. Außerdem, wenn ich euch schon jetzt fallen lassen würde, würde die heiße Sommersonne euch gleich verdunsten lassen.«

Die Regentropfen versuchen nun, geduldig zu warten. »Warten, bis die Wolke uns fallen lässt und wir auf die Erde prasseln können, ist langweilig«, sagt schließlich der jüngste Regentropfen.

»Richtig. Wir sollten uns etwas einfallen lassen«, stimmt ein anderer zu. »Ich hab's. Wir machen einen Wettkampf und schauen, wer der Schnellste, der Stärkste oder der Geschickteste ist.«

»Toll, da mache ich mit«, ruft der nächste Tropfen.

Und dann tönt es aus allen Ecken: »Ich auch! Ich auch!«

Weil so viele Regentropfen am Wettkampf mitmachen möchten, werden sie in Gruppen eingeteilt. Die Regentropfen erhalten eine Nummer, so dass sie wissen, wer zu wem gehört. Die Gruppe Eins beginnt, sie geht im Handstand und will schauen, wer so am weitesten kommt. Gruppe Zwei macht ein Rückwärts-Wettrennen, Gruppe Drei ein Seitwärts-Rennen.

Gruppe Vier will wissen, welcher Tropfen von ihnen am längsten auf einem Bein hüpfen kann, und die letzte Gruppe macht ein Froschwetthüpfen.

Die schwarze Wolke weiß nicht, was die Regentropfen in ihr machen. Sie merkt nur die vielen Fußtritte, die sie von den Regentropfen bekommt und brummt vor sich hin. »Was geschieht denn in meinem großen und immer dicker werdenden Bauch?«

Der älteste Regentropfen antwortet mit zittriger Stimme: »Weißt du, liebe Wolke, unseren jungen Regentropfen ist es zu langweilig und zu eng in dir. Damit sie beim Warten nicht nur herumsitzen, machen sie einen Wettkampf und schauen, wer von ihnen der Schnellste, der Stärkste oder der Geschickteste ist. Ich nehme an, dass du ihr Herumhüpfen spürst.«

»Das wird es wohl sein. Nun werdet ihr mir aber allmählich doch zu schwer. Ich kann euch fast nicht mehr halten. Auch wenn die Bauern mit dem Heueinbringen noch nicht ganz fertig sind. Ich muss euch jetzt trotzdem fallen lassen.« Und bevor irgendein Regentropfen dazu etwas sagen kann, öffnet sich die Wolke und die ersten Tropfen purzeln heraus.

»Jupii, ist das wundervoll! Unser Wettkampf vorhin war auch schön, aber dieser Tanz auf die Erde herunter ist noch tausendmal schöner«, rufen einige Regentropfen. »Hier können wir Purzelbäume schlagen, die Arme und Füße ausbreiten, damit wir langsamer zur Erde fallen, oder uns ganz schmal machen, damit wir mehr Geschwindigkeit bekommen. Jupii, jupii, das ist einfach toll.«

Plötzlich ruft der jüngste Regentropfen, als er die anderen Tropfen bei ihren Kunststücken bewundert: »Was ist denn mit euch los? Ihr wechselt ja ständig die Farbe.«

»Ja, das stimmt. Es ist sogar ganz witzig«, antwortet ein anderer Regentropfen, der es soeben auch gesehen hat.

»Was hat das nur zu bedeuten?«, will der jüngste Tropfen wissen.

»Das liegt an der Sonne«, antwortet ein anderer Tropfen. »Wenn die Sonne scheint und wir Regentropfen auf die Erde fallen, gibt es einen Regenbogen. Der hat sieben verschiedene Farben. Und wenn wir auf ihm oder durch ihn hindurch tanzen, werden wir für kurze Zeit farbig wie er.«

»So etwas habe ich noch nie erlebt! Das ist wunderbar«, ruft der jüngste Regentropfen überglücklich.

Auf einmal macht es plumps und die Regentropfen fallen alle gemeinsam auf die Erde. Die einen landen neben dem Ende des Regenbogens. Der jüngste Regentropfen gehört auch dazu. »Können wir nicht nochmals die Farbe wechseln und so schön strahlen wie der Regenbogen?«, möchte er wissen.

»Wir können versuchen, den Regenbogen entlang hochzusteigen und wenn wir in der Mitte angelangt sind, rutschen wir nochmals herunter«, schlägt ein Regentropfen vor.

»Das machen wir«, beschließen nun einige der Tropfen. Vor lauter Freude rufen sie beim Runterrutschen alle miteinander: »Jupii, jupii, so einen schönen Regentropfentanz gab es noch nie.« Immer und immer wieder klettern sie den Regenbogen hoch, um nochmals runterrutschen zu können. So oft wie heute können sie sonst nicht zwischen den Farben Rot, Orange, Gelb, Grün, Hellblau, Dunkelblau und Violett wechseln. Ihr Jubeln hört auch die dunkle Wolke, die nun nicht mehr so dick ist wie vorher. Voller Freude lässt sie noch mehr Regentropfen vom Himmel fallen. Die Sonne blinzelt schmunzelnd zwischen den Wolken hindurch. Solange wie möglich schickt sie ihre Strahlen herab, damit der Regenbogen bis am späten Abend am Himmel steht und die Regentropfen in farbige Tropfen verzaubert.

Als es dunkel wird, sagt der jüngste Regentropfen schließlich: »Heute Nacht werde ich tief und fest schlafen und dabei bestimmt vom allerschönsten Regentropfentanz träumen, den es je gegeben hat.«

Kormoran Figu

Figu hat nun zwei Jahre Vogelschule für Kormorane hinter sich und sagt sich: »Ich weiß jetzt, wie ich fliegen muss. Dafür habe ich meine Federn und die Flügel. Meine Lehrer, sie waren alle Kormorane wie ich, haben mir auch gezeigt, wie ich Fische fangen kann. Schließlich muss ich ja auch etwas zu fressen haben.«

Er erinnert sich noch genau, was damals in der Schule geschehen war. »Unser Lehrer im Fach Fischen, Professor Kormoran Zwirbel, wollte uns Schülern zeigen, wie er große Fische fängt. Eines heißen Sommertages, als wir während der Fischfangstunde übers Meer flogen, tauchte er plötzlich ab und verschwand im Wasser. Als er wieder auftauchte, sagte er zu uns: ›Oh, seht nur, wie groß mein Fisch ist, den ich eben gefangen habe. Der schmeckt bestimmt sehr fein.‹ Und bevor wir Schüler auch nur einen kleinen Bissen von dem wirklich sehr großen Fisch hätten schnappen können, hatte Professor Zwirbel ihn bereits komplett verschlungen. Die Fischfangstunde ging weiter, als sei nichts gewesen. Doch niemand von uns Schülern hatte Glück und erwischte einen Fisch, noch nicht mal einen winzig kleinen. Einige Zeit später, wir waren alle noch am Üben, wie wir am schnellsten Fische fangen, sagte unser Lehrer: ›Ich glaube, der Fisch war zu groß für mich alleine. Ich habe schreckliche Bauchschmerzen und keine Kraft mehr, um zu fliegen.‹ So mussten alle gemeinsam zurück an Land schwimmen. Wir mussten aufpassen, dass Lehrer Zwirbel mit dem großen, schweren Fisch im Bauch nicht unterging. Das Schwimmen brauchte sehr viel Zeit. Wären wir geflogen, wären wir wesentlich schneller gewesen.«

Figu schüttelt beim Erzählen immer wieder den Kopf und sagt schließlich nachdenklich: »Schlussendlich mussten wir

unseren Lehrer sogar noch an Land ziehen. Er war so erschöpft, dass er während der nächsten drei Tage und drei Nächte sein Nest nicht verlassen und auch keinen Fischfangunterricht mehr geben konnte.«

»Ich habe genug von der Vogelschule für Kormorane«, sagt sich Figu nun und macht sich alleine auf den Weg in die weite Welt hinaus. Er fliegt über das Meer in Richtung Süden. »Ich freue mich auf meine Entdeckungsreise. Einige meiner Freunde hatten viel Spannendes von ihrer abwechslungsreichen Reise über das Meer zu erzählen.«

Zwei Tage und zwei Nächte fliegt Figu über das Wasser und genießt die Freiheit, den immer stärker werdenden Wind, den Blick ins Wasser und den Duft des Meeres. Doch langsam bekommt er Hunger. Sein Magen knurrt ununterbrochen. Gerade, als er einen Fisch schnappen will, wird er von einer großen Welle überspült. Er wird vom Wasser rundherum gedreht. Dabei wird ihm schwindlig. »Vielleicht sollte ich mit dem Fischfangen doch besser warten, bis der Wind und die Wellen ein bisschen nachlassen. Jetzt fällt es mir wieder ein, Professor Zwirbel hat immer gesagt, hohe Wellen und Wind seien äußerst gefährlich«, sagt er zu sich selbst.

So beschließt Figu, trotz knurrendem Magen weiterzufliegen und auf bessere Zeiten zu warten. Land, wo er kurze Zeit hätte ausruhen können, ist keines in Sicht. Dafür entdeckt Figu ein Fischerboot. »Die haben bestimmt etwas zu fressen für mich. Denen fliege ich hinterher«, sagt Figu zu sich. Als er in ihre Nähe kommt, kräht er ihnen zu: »Kräch, kräch, kann ich auf euer Boot kommen?«

»Was willst du? Auf unser Boot kommen? Nein, das kannst du nicht. Wir wollen unsere Fische verkaufen und nicht einem Kormoran zum Frühstück vorsetzen. Geh und fang dir selbst welche, und zwar im Wasser«, ruft der Schiffskapitän mit brummender Stimme.

Aber Figu lässt sich das nicht gefallen und setzt sich einfach auf den Schiffsmast.

»Soll ich die Flinte holen oder fliegst du freiwillig?«, ruft jetzt die brummende Stimme noch lauter und zorniger als vorher.

Figu kann nicht verstehen, warum die Schiffsleute ihn nicht mögen. Enttäuscht und immer noch hungrig fliegt er weiter. Einige Stunden später, der Wind und die Wellen haben ein wenig nachgelassen, entdeckt er auf dem Wasser etwas, das rot leuchtet und einen schwarzen Fleck hat. Es ist kein Schiff. »Was ist das wohl?«, fragt er sich und fliegt darauf zu. Plötzlich ruft ihn eine bekannte Stimme: »Hallo, Figu.«

Figu ist überrascht: »Pop, bist du's?«, ruft er zurück.

»Ja, Figu, ich bin's. Mich haben die hohen Wellen beim Fischen ins Meer hinausgetrieben. Dann hatte ich keine Kraft, um zurückzufliegen. Als ich diese Boje entdeckte, habe ich mich einfach draufgesetzt. Komm, es ist noch Platz für dich«, sagt Pop.

Pop und Figu kennen sich aus der Vogelschule für Kormorane.

»Es ist schön, endlich sitzen zu können, und noch viel schöner ist es, dich hier zu treffen«, gesteht Figu seinem Freund. Dann erzählt er ihm von seiner Reise Richtung Süden und natürlich vom Erlebnis mit dem Fischerboot.

Da sagt Pop: »Die hatten bestimmt Angst, du könntest ihnen die großen und guten Fische wegfressen. Kannst du dich noch an Professor Zwirbel erinnern, als der in der Fischfangstunde zu uns sagte, wir sollten immer weit weg von den Fischerbooten bleiben?«

»Jetzt fällt es mir wieder ein«, antwortet Figu. »Daran habe ich wirklich nicht mehr gedacht«, fügt er noch hinzu. Und plötzlich ruft er: »Da, ein Fisch. Den will ich fangen, seit bald vier Tagen habe ich nichts mehr gefressen.« Und schon taucht er schnellstens ab. Als Figu mit gefülltem Bauch wieder auf der Boje steht, taucht auch Pop ins Wasser, um Fische zu fangen.

Schließlich hat sich auch Pop satt gefressen und steht wieder auf der Boje. Da sagt Figu: »Da wir von der langen Reise müde sind und von den feinen Fischen einen schweren Bauch haben, können wir nicht mehr fliegen, genau wie damals Professor Zwirbel. Aber wir könnten beide hier auf der Boje stehen bleiben und unsere Flügel ausbreiten. Bestimmt weht uns der Wind vorwärts und wir können segeln.«

»Deine Ideen sind einfach super, mein lieber Freund«, ruft Pop begeistert und schon stehen sie mit ausgebreiteten Flügeln auf der Boje.

»Schau, Pop«, ruft Figu ganz aufgeregt, »es funktioniert, ja, es funktioniert wirklich. Wir segeln über das Meer.«

»Ja, und die Wellen schieben uns auch vorwärts«, ergänzt Pop.

Das gefällt den beiden Freunden so gut, dass sie gar nicht mehr ans Fliegen denken. Sie lassen sich viel zu gerne vom Wind und den Wellen vorwärtstreiben. Doch als es einen kurzen, aber heftigen Windstoß gibt, fällt Pop von der Boje. Da Figu seine Augen wegen dem Wind geschlossen hält und beim Segeln vor sich hin träumt, merkt er nichts davon. Erst als Pop um Hilfe ruft, entdeckt er seinen Freund im Wasser. Schnell hilft Figu Pop wieder auf die Boje.

Kurze Zeit später ruft Figu: »Pop, schau nur, dort vorn ist Land in Sicht. Komm, wir fliegen gemeinsam hinüber.«

»Ja, das sollten wir schaffen«, stimmt Pop zu. Und da sie Rückenwind haben, kommen sie schneller vorwärts, als sie dachten.

Als sie am Strand landen, sagt Pop: »Figu, kommt es dir hier nicht auch bekannt vor? Ich glaube, wir sind wieder zu Hause. Der Wind und die Wellen haben uns nach Hause gebracht.«

»Stimmt, du hast recht. Das freut mich aber«, stellt Figu überrascht fest.

Beide sind froh, wieder zu Hause zu sein und beschließen, in den nächsten Tagen nochmals in die Vogelschule zu gehen, um Professor Zwirbel und allen anderen Lehrern der Kormoranschule von ihrer Reise über das Meer zu berichten.

Die Sonnenblume

Die Blumen im Garten leuchten im Licht der Sommersonne. Eine der Blumen ist besonders stolz auf ihr Aussehen, es ist die Sonnenblume. Sie steht im Garten und reckt ihren Kopf der Sonne entgegen, damit sie möglichst viele der warmen Strahlen einfangen kann. Plötzlich schaut sie aufgeregt umher und fragt: »Was kitzelt mich da an meinen Wurzeln?«

»Ich bin es, der Wurm. Neben deinen Wurzeln ist die Erde noch ein bisschen feucht, wo doch gerade sonst alles so ausgetrocknet ist. Deshalb wollte ich davon ein wenig fressen.«

»Was fällt dir eigentlich ein? Verschwinde, aber schnell. Meine Wurzeln gehören mir und niemandem sonst. Ich hasse es, wenn jemand um meine Wurzeln kriecht.«

Und so macht sich der Wurm enttäuscht auf den Weg und sucht sich einen anderen Platz mit feuchter Erde.

Kurze Zeit später ruft die Sonnenblume wieder ganz aufgeregt: »Wer kriecht auf meinem Stängel und meinen Blättern umher?«

»Ich bin es, der Marienkäfer. Weil die Sonne so stark scheint, suche ich mir ein wenig Schatten und habe ihn unter deinen großen Blättern gefunden. Da ist es auch ein bisschen kühler.«

Da empört sich die Sonnenblume erneut: »Was fällt dir eigentlich ein? Verschwinde, aber schnell. Meine Blätter gehören mir und niemandem sonst. Schau, wo du sonst noch Schatten findest. Ich gebe dir bestimmt keinen.«

So sucht sich der Marienkäfer, enttäuscht wie zuvor der Wurm, einen anderen Schattenplatz.

Bald darauf bemerkt die Sonnenblume einen Schatten über ihrem Kopf und fragt ganz entsetzt: »Wer sitzt auf meinem Kopf?«

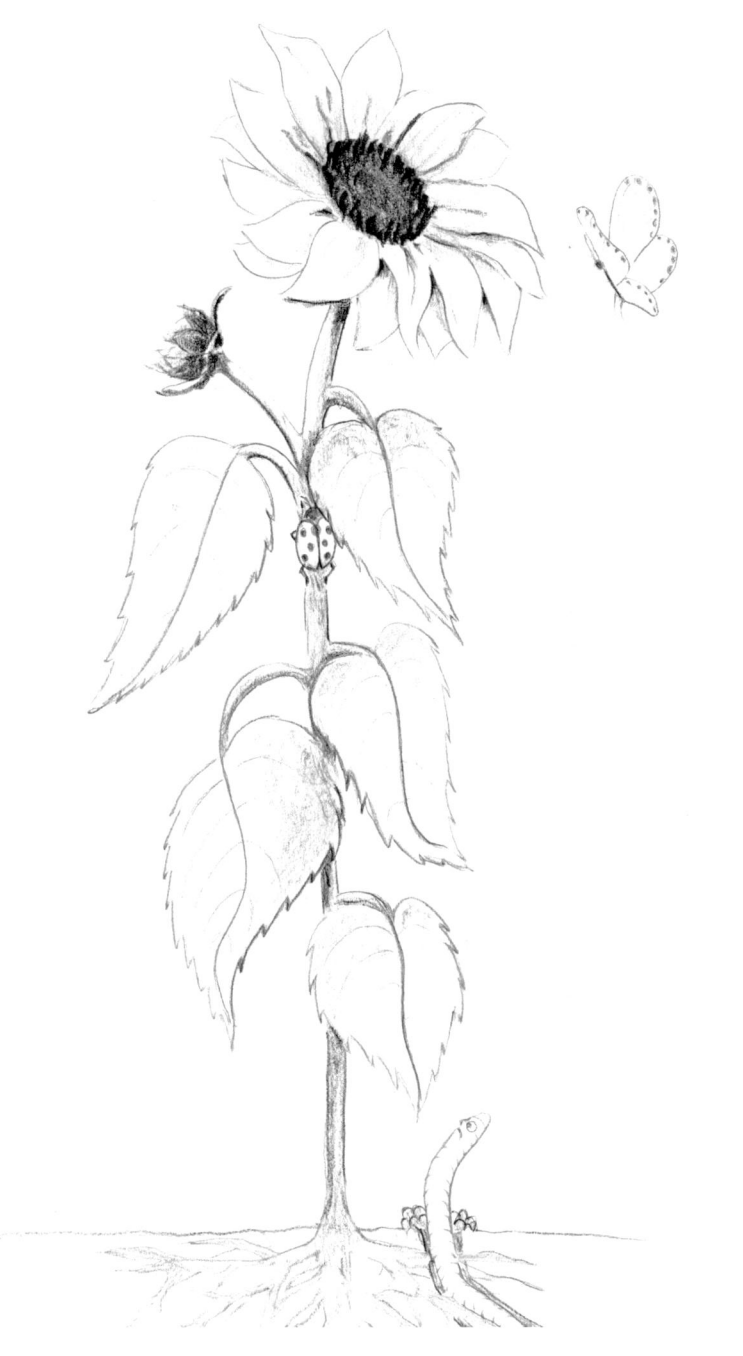

»Ich bin es, der Schmetterling. Ich breite meine Flügel aus, um Sonne zu tanken.«

Und die Sonnenblume ruft wieder: »Was fällt dir eigentlich ein? Verschwinde, aber schnell. Mein Kopf gehört mir und niemandem sonst. Wenn du darauf sitzt, sieht man meine ganze Schönheit nicht mehr. Fliege weg und suche dir einen anderen Platz.«

So fliegt nun auch der Schmetterling enttäuscht weiter und sucht sich einen anderen Sonnenplatz.

Während der nächsten Tage geht es der Sonnenblume richtig gut. Niemand kommt bei ihr vorbei und belästigt sie. So vergehen Tag für Tag, Woche für Woche. Auch am heutigen Tag kommt niemand zu Besuch. Der Tag neigt sich dem Ende entgegen. Es wird langsam dunkel. Die Sterne und der Mond leuchten am Himmel. Die Sonnenblume ist traurig und lässt ihren Kopf hängen. Eine riesige Träne purzelt auf die Erde. Der Mond beobachtet das und fragt: »Liebe Sonnenblume, weshalb bist du so traurig?«

»Während den letzten Wochen war ich immer allein. Niemand kam bei mir vorbei, um mich zu besuchen«, antwortet die Sonnenblume. »Anfangs war es ja toll, aber jetzt macht es mich langsam traurig.«

»Ja, hast du dir denn schon mal überlegt, weshalb die Tiere einen Bogen um dich machen und dich nicht mehr besuchen kommen?«, fragt der Mond.

»Ja, schon. Ich habe es aber nicht herausgefunden«, sagt die Sonnenblume.

»Schau, liebe Sonnenblume, den Wurm hast du fortgeschickt, weil es dich gekitzelt hat, als er von der feuchten Erde neben deinen Wurzeln fressen wollte. Den Marienkäfer hast du weggeschickt, weil du ihm keinen Schatten von deinen Blättern gegönnt hast. Und der Schmetterling musste weiterfliegen, weil du dachtest, wenn er seine Flügel auf deinem Kopf ausbreite, sehe man deine Schönheit nicht mehr.«

»Ach, jetzt verstehe ich ... Ich selbst habe ja alle weggeschickt«, ruft da die Sonnenblume.

»So sehe ich das auch. Vielleicht wäre es gut, wenn du dich bei ihnen entschuldigst«, sagt der Mond.

Die Sonnenblume nimmt sich seine Worte zu Herzen und bedankt sich bei ihm für das Gespräch. Am anderen Morgen ruft sie den Wurm, den Marienkäfer und den Schmetterling zu sich. Sie entschuldigt sich bei ihnen für ihr unfreundliches Verhalten. Von diesem Tag an ist die Sonnenblume nie mehr alleine. Der Wurm, der Marienkäfer und auch der Schmetterling kommen immer wieder bei ihr vorbei. Manchmal bringen sie sogar noch Freunde mit. Die Sonnenblume ist dankbar für die vielen und abwechslungsreichen Besuche. Auch der Mond gehört zu ihren besten Freunden. Er blinzelt der Sonnenblume jede Nacht zu und flüstert: »Auf der Erde ist es doch viel schöner, wenn du liebe und gute Freunde hast.«

Vogelkonzert im Sommer

Im Sommer sitzt die Amsel jeden Morgen zuoberst auf der Tannenspitze und singt ein Lied. »Eigentlich möchte ich nicht alleine hier sitzen, den wunderschönen Sonnenaufgang genießen und Lieder singen. Es wäre doch viel lustiger, wenn dies einige Vögel gemeinsam machen könnten«, sagt die Amsel zu sich selbst.« Wer aber bitte soll das sein? Alle meine Amselfreunde sind entweder alt, haben keine Lust mehr zum Singen oder sitzen lieber in ihren Nestern«, überlegt sie weiter.

So beschließt sie, sich auf die Suche nach anderen Vögeln zu machen, die mit ihr singen möchten. »Hey, du großer weißer Vogel, wie heißt du?«, fragt die Amsel den nächsten Vogel, der ihr begegnet.

»Ich bin der Herr Schwan«, antwortet der große Vogel.

»Möchtest du mit mir Lieder singen, Herr Schwan?«, fragt die Amsel.

»Singen kann ich nicht. Ich bin ein großer Wasservogel und fühle mich ganz wohl hier. Tut mir leid«, lehnt der Schwan bedauernd ab.

So verabschiedet sich die Amsel und fliegt weiter. Zufälligerweise kommt gleich darauf eine Schwalbe, die auf Mückenfang ist, vorbei. Die Amsel ruft ihr zu: »Nicht so schnell, liebe Schwalbe. Ich habe eine Frage. Möchtest du mit mir Lieder singen? Alleine finde ich das sehr langweilig.«

»Singen? Ja, das mache ich gern. Und wenn ich genügend Mücken in meinem Bauch habe, hört es sich besonders schön an. Hör gut zu ...« Und schon singt die Schwalbe ein Lied.

Die Amsel ist begeistert und sagt: »Komm morgen früh zu mir. Ich erwarte dich bei Sonnenaufgang auf der anderen Seeseite, bei der großen Tanne. Vielleicht finde ich ja bis morgen

noch weitere Vögel, die mit uns singen möchten«, bittet die Amsel.

»Abgemacht«, antwortet die Schwalbe und verabschiedet sich.

Danach fliegt die Amsel weiter, aber welchen anderen Vogel sie auch trifft, keiner hat Lust, mit ihr und der Schwalbe Musik zu machen. Für die einen ist die Sommersonne schon am frühen Morgen zu warm, um zu singen, andere fliegen nicht bei Sonnenaufgang aus ihren Nestern, sondern wollen lieber länger schlafen. Ein wenig enttäuscht fliegt die Amsel an diesem Abend zu ihrer Tanne zurück. Schlafen kann sie nicht. Sie denkt immer wieder darüber nach, ob sie nach der Singstunde nochmals auf die Suche nach anderen Sängern gehen soll. Mitten in der Nacht, der Mond leuchtet hell, hört sie plötzlich ein Geräusch. »Uhu, uhu ...«, tönt es aus dem nahe gelegenen Wald.

»Genau«, sagt sich da die Amsel, »morgen fliege ich über den Mittag in den Wald. Vielleicht treffe ich dort den Uhu oder andere Vögel, die mit uns singen möchten.« Nun schläft die Amsel doch noch beruhigt ein, bevor die Nacht ganz vorbei ist.

Pünktlich bei Sonnenaufgang wird sie durch schönen Vogelgesang geweckt. Sie streckt ihre Flügel, gähnt und öffnet die Augen. Da stellt sie fest: »Ah, du bist es, meine liebe Schwalbe. Entschuldige, da ich die ganze Nacht vor lauter Sorge fast kein Auge zugetan habe, habe ich nun verschlafen.«

»Ist schon gut. Schau, ich habe noch viele meiner Schwalbenfreunde mitgebracht. So sind wir ein ganzer Chor.«

»Das freut mich aber«, ruft die Amsel überglücklich. »Kommt, sucht euch auf meiner großen Tanne einen schönen Platz. Ich setz mich auf die kleine nebenan, damit ich euch alle sehen kann. Bei so vielen Sängern braucht es doch einen Dirigenten, damit alle wissen, wann sie mit Singen anfangen müssen und damit es sich besser anhört. Wenn ihr einverstanden seid, übernehme ich das für uns.«

Selbstverständlich sind alle damit einverstanden. Endlich kann es losgehen. Es macht allen richtig Spaß, gemeinsam Musik zu machen. So beschließen sie, sich nun jeden Morgen zu treffen und miteinander den Sonnenaufgang zu besingen.

Als sich alle Sänger wieder verabschiedet haben, macht sich die Amsel auf den Weg in den Wald und sucht den Uhu. Da er während des Tages ausruht und sich versteckt, hat sie Mühe, ihn zu finden. »Ach, da bist du ja, lieber Uhu«, sagt die Amsel, als sie ihn endlich gefunden hat. Auch wenn der Uhu der älteste Waldbewohner ist, freut er sich über die Anfrage der Amsel und beschließt, am kommenden Morgen auch dabei zu sein. Die Amsel freut sich über die Zusage des Uhus und verabschiedet sich.

Als sie am Waldrand ankommt, hört sie ein Klopfgeräusch. »Das ist der Specht. Den kann ich auch noch fragen, ob er mitmachen möchte.« Schnell fliegt die Amsel zum Specht. Dieser muss nicht lange überlegen und sagt ebenfalls zu.

Als am anderen Morgen die Schwalben bei der großen Tanne eintreffen, sind der Uhu und der Specht bereits dort. »Was macht ihr denn hier?«, will eine der Schwalben wissen.

» Die Amsel hat uns eingeladen, um mit euch zu singen.«

»Könnt ihr das denn?«, fragen die Schwalben im Chor.

»Das wird schon gehen. Der Uhu kann zwischendrin seinen schönen Uhuruf erklingen lassen und der Specht macht seine Musikeinlage mit Klopfen«, sagt da die Amsel.

Die heutige Singstunde ist ganz anders als die erste Stunde. Aber alle Vögel fühlen sich wohl und haben Spaß dabei. Während der nächsten Wochen kommen der Uhu, der Specht, die Schwalben und die Amsel jeden Morgen bei Sonnenaufgang zusammen und singen in den Tag hinein. Eines Morgens sagt der Uhu nach der Probe: »Ich habe eine Idee. In der Zwischenzeit können wir so gut miteinander singen, dass wir ein Konzert machen könnten.«

»Ja, das ist eine gute Idee«, sagt die Amsel begeistert. »Damit ihr aber alle gleich ausseht wie bei einem richtigen Konzert, besorge ich Farbe. Weiß brauchen wir, um ein Hemd auf unsere Brust zu malen. Die Flügel machen wir schwarz, so dass es aussieht, als würden wir einen Frack tragen. Und um den Hals malen wir mit roter Farbe eine Fliege.«

Alle Vögel sind sofort damit einverstanden. Sie beschließen, ihr Konzert am kommenden Samstagabend durchzuführen. Dazu laden sie alle ihre Freunde und Bekannten ein. Sie haben Glück. Es ist ein angenehm warmer Sommerabend. Die Sänger platzieren sich auf der großen Tanne und machen sich für das Vogelkonzert bereit. Ihre weiß-schwarzen Federn und die rot aufgemalten Fliegen rund um den Hals sehen prächtig aus. Der Dirigent, die Amsel, hat ihr schwarzes Kleid als Einzige behalten. Nur eine rote Fliege hat sie sich aufgemalt. Das Vogel-Sommer-Konzert kann losgehen. Die vielen Zuschauer sind begeistert. Die Uhu-Rufe und das Klopfkonzert des Spechts gefallen ihnen besonders gut. Enten, Schwäne, Frösche, Käfer, Würmer, Schnecken, Hasen, Füchse, Rehe und ganz viele andere Tiere genießen gemeinsam das wunderschöne Konzert. Sie applaudieren und rufen den Sängern zu.

Da das Konzert bis kurz vor Mitternacht dauert, beschließen die Sänger, ihr aufgemaltes Kleid erst am nächsten Morgen abzuspülen. Als sie aber nach nur wenigen Stunden Schlaf, überglücklich über das gelungene Konzert, zum Seeufer fliegen und sich waschen wollen, ruft der Uhu plötzlich entsetzt: »Uhu, uhu. Amsel, Amsel, ich kann meine aufgemalten Kleider nicht abspülen. Die Farbe geht nicht mit dem Wasser ab.«

»Wirklich?«, ruft die Amsel erschrocken. »Dann muss ich wohl wasserfeste Farbe erwischt haben. Dann müsst ihr so bemalt bleiben, bis euch neue Federn gewachsen sind. Entschuldigt bitte.«

Die Schwalben und der Specht finden das eigentlich ganz lustig. Der alte Uhu hingegen schimpft vor sich hin und ruft beim Davonfliegen: »Wenn ihr im nächsten Sommer wieder ein solches Vogelkonzert macht, kaufe ich meine eigene Farbe, damit ich sicher bin, dass ich sie anschließend wieder abwaschen kann.«

Hummel Seidenhaar,
Raupe Plauderdame und
Marienkäfer Rotflügel

Obwohl ich den Sommer eigentlich liebe und die Sonne und ihre Wärme mag, ist es mir heute trotzdem zu heiß«, murmelt Hummel Seidenhaar. »Und ich mag auch nicht fliegen«, sagt sie weiter zu sich. »Denn wenn ich fliege, scheint mir die Sonne noch viel stärker auf meinen flauschigen Körper. Es bleibt mir also nichts anderes übrig, als heute dem Schatten hinterherzukrabbeln.« Während Hummel Seidenhaar also dem Schatten folgt, denkt sie immer wieder, wie schön es doch eigentlich wäre, wenn es nicht so heiß wäre und sie fliegen könnte. Denn dann könnte sie die Gärten und Blumen von oben bewundern und sich die schönste und größte Blume aussuchen, um bei ihr ihren Hunger mit Nektar und Blütenstaub zu stillen. Das wäre wunderbar.

Als Seidenhaar unter einer Blume, die großen Schatten spendet, eine Pause macht, entdeckt sie ein Tier. »Nanu, wer bist denn du?«, fragt Hummel Seidenhaar.

»Ich bin die Raupe Plauderdame. Und wer bist du?«, fragt die Raupe zurück.

»Ich bin eine Hummel und heiße wegen meinem feinen Pelz Seidenhaar.«

»Dein Name gefällt mir«, antwortet die Raupe.

»Und warum heißt du Raupe Plauderdame?«, fragt nun Hummel Seidenhaar.

»Wenn ich genug gefressen habe und eine Pause brauche, nehme ich ein Buch zur Hand und lese. Deshalb weiß ich viel zu erzählen. Und darum nennen mich meine Freunde Raupe Plauderdame.«

»Einen solchen Namen habe ich noch nie gehört, der passt aber bestimmt gut zu dir«, sagt da Hummel Seidenhaar schmunzelnd.

»Seidenhaar, weshalb fliegst du eigentlich nicht, sondern krabbelst in der Gegend herum?«, fragt nun Raupe Plauderdame. »Aus meinen Büchern weiß ich, dass Hummeln trotz ihres dicken Körpers und den eher kleinen Flügeln gute Flieger sind.«

»Ich bin wirklich erstaunt über dein Wissen, Plauderdame«, bemerkt Hummel Seidenhaar. »Aber weißt du, mir ist es heute einfach zu heiß zum Fliegen. Deshalb krabble ich ständig hinter dem Schatten her.«

»Das ist eine gute Idee. Komm, ich zeige dir einige schöne Plätze im Garten. Ich wohne schon mehrere Wochen hier und finde es immer noch spannend. Ich entdecke immer wieder Neues.«

»Ich komme aber nur mit dir, wenn wir im Schatten bleiben«, sagt Hummel Seidenhaar.

»Versprochen, wir bleiben im Schatten. Mir ist es nämlich auch zu heiß in der Sonne. Schließlich möchte ich nicht wie eine Wurst gebraten werden«, verspricht Raupe Plauderdame. Hummel Seidenhaar schmunzelt über die Antwort der Raupe Plauderdame und bekommt sie schon ein wenig lieb.

Nun zeigt Raupe Plauderdame ihrem neuen Freund mit Stolz ihren Garten. Sie kennt jede Blume, jedes feine Gras und jeden besonderen Stein. Als sie mit Hummel Seidenhaar beim kleinen Gartenweiher vorbeikommt, entdeckt sie auf ihrem Lieblingsstein einen Käfer. »Dich sehe ich auch zum ersten Mal in meinem Garten«, sagt Raupe Plauderdame zu ihm. »Wer bist du?«

»Eigentlich bin ich ein Marienkäfer. Aber weil meine Flügel ganz rot sind, und ich keine schwarzen Punkte habe wie die anderen Marienkäfer, nennen mich alle Rotflügel«, antwortet der Marienkäfer.

»Wo sind denn die anderen Käfer?«, fragt nun Hummel Seidenhaar.

»Das weiß ich auch nicht. Weil bei mir die schwarzen Tupfen auf den Flügeln fehlen, sagten sie, ich sei kein richtiger Marienkäfer. Und dann schickten sie mich fort«, antwortet Rotflügel ein wenig traurig.

»Das tut uns leid«, sagen Hummel Seidenhaar und Raupe Plauderdame. Und dann fügt Raupe Plauderdame hinzu: »Ich zeige meinem neuen Freund, der Hummel Seidenhaar, gerade meinen Garten. Wenn du willst, kannst du auch mitkommen. Du hast doch nichts dagegen, oder Seidenhaar?«

»Nein, im Gegenteil. Es würde mich sogar sehr freuen«, sagt Hummel Seidenhaar.

»Ich komme gerne mit euch«, Rotflügel strahlt vor Freude.

Und so krabbeln und kriechen Hummel Seidenhaar, Raupe Plauderdame und Marienkäfer Rotflügel gemeinsam durch den wunderschönen Garten. Selbstverständlich bleiben sie immer schön im Schatten. Raupe Plauderdame weiß so viel zu erzählen, dass es der Hummel und dem Marienkäfer in keiner Sekunde langweilig wird und sie sogar vergessen, etwas zu fressen.

Am nächsten Tag treffen sich die drei Freunde erneut. Hummel Seidenhaar sagt: »Während der ganzen Nacht habe ich von deinem Garten und den Geschichten geträumt, Raupe Plauderdame.«

»Komisch, mir ging es genauso. Und als ich erwachte, dachte ich, ich hätte gar nicht geschlafen. Denn ich hatte wirklich immer noch die Geschichten im Ohr«, sagt Marienkäfer Rotflügel.

»Wenn euch der gestrige Tag in meinem Garten so gut gefallen hat, kann ich euch heute noch mehr zeigen. Und zu erzählen, weiß ich auch noch einiges«, sagt da Raupe Plauderdame.

Ihre Freunde nicken hocherfreut.

Und auch Raupe Plauderdame ist glücklich: »Das freut mich. Und wisst ihr was? Genauso gern wie ich fresse, erzähle ich Geschichten. Mein Essen springt mir nicht davon, aber euch zwei sehe ich ja nicht jeden Tag.«

Die vier Jahreszeiten

Herbst

Eichhörnchen Lola

Lola streckt die Nase aus ihrem Nest. Heute weht ein kalter Herbstwind. Vorsichtig kriecht sie aus ihrem Nest, das sie hoch oben in der Baumkrone eines Baumes mit Ästen und Moos gemacht hat. Sie steht auf dem dicken Ast vor ihrem Nesteingang und streckt sich. Heute bläst der Wind wirklich stark. »Es ist sehr ungemütlich hier draußen«, stellt Lola fest. »Zum Glück habe ich ein dickes Fell und mein Schwanz ist so buschig, dass ich nicht frieren muss.«

Wie jeden Morgen putzt Lola zuerst ihre Vorderpfoten. Wenn diese schön sauber sind, werden die Ohren gereinigt und anschließend das ganze Gesicht. »Ich bin froh über meine Krallen. Mit denen kann ich mich überall kratzen und mein edles Fell bestens bürsten. Und auch mein buschiger Schwanz will gepflegt sein. Schließlich will ich den anderen Eichhörnchen gefallen«, sagt Lola zu sich selbst. Als sie sich fertig geputzt hat, macht sie ihre Morgenturnübungen. Sie springt von einem Ast zum anderen, um für den Tag richtig wach und fit zu werden. Sie hüpft zuerst auf dem einen, dann auf dem anderen Hinterbein vorwärts und rückwärts über einen Ast. »Um mit meinen Vorderbeinen die schweren Tannenzapfen halten zu können, muss ich auch diese noch trainieren«, keucht sie. So beginnt sie nun mit zehn Liegestützen, hängt sich anschließend mit den Vorderbeinen an einen Ast und schwingt sich rundherum.

»Nun habe ich aber genügend Turnübungen gemacht und kann die allerschwersten Nüsse und Tannenzapfen umhertragen«, sagt sich Lola. Bevor sie mit dem Sammeln beginnt, kontrolliert sie nochmals ihre Vorratshöhlen. Die meisten von ihnen hat sie schon für den Winter bereit gemacht. Doch eine muss sie noch putzen. »Als ich im vergangenen Frühling hier die letzten Vorräte herausgeholt habe, habe ich diese Höhle zu

putzen vergessen. Deshalb muss ich nun noch die Nussschalen und Tannenzapfenreste herausholen«, murrt sie mit sich selbst. Die Reste der Tannenzapfen nimmt sie zwischen die Zähne und mit den Vorderpfoten hält sie die Nussschalen vor ihrer Brust zusammen. Damit sie auf dem Weg zum Höhlenausgang nichts verliert, stellt sie sich auf die Hinterbeine und legt ihren Schwanz auf den Boden, damit sie aufrecht gehen kann. Gleichzeitig wird mit dem Schwanz noch der Höhlenboden gewischt. Schritt für Schritt tappt Lola dem Ausgang entgegen. Plötzlich ertönt ein lautes, dumpfes Geräusch. Lola erschrickt. Vor lauter Schrecken fallen ihr alle Schalen- und Tannenzapfenreste auf den Boden.

»Was war das?«, fragt sie laut. Das war ein Ton, den sie noch nie gehört hat. Leise und vorsichtig kriecht sie zum Höhlenausgang. Doch der ist versperrt. Irgendetwas muss darauf liegen. Schnell scharrt Lola einen neuen Ausgang und entdeckt, weshalb ihr alter versperrt ist. »Ah, der Wind hat eine Tanne gefällt. Und sie ist genau vor dem Eingang meiner Vorratshöhle gelandet«, erkennt sie. Und da der Wind immer noch so stark bläst, beschließt Lola, heute nur noch die Vorratshöhle fertig zu putzen und anschließend in ihrem Nest hoch oben in der Baumkrone einen langen Mittagsschlaf zu machen. »Mein Eichhörnchenbaum ist groß und stark. Der wird vom Wind nicht so schnell umgeblasen. Und ich will schließlich nicht ein zweites Mal in meiner Vorratshöhle eingeschlossen werden. Viel lieber lasse ich mich in meinem Nest vom Wind hin- und herschaukeln. Morgen ist auch noch ein Tag zum Nüsse sammeln.«

Als Lola sich am nächsten Tag nach ihrem Morgenturnen auf den Weg zum Sammeln von Nüssen und Tannenzapfen macht, sieht es im Wald ganz anders aus. Der Wind hat die Herbstblätter von den Bäumen geblasen. »Jupii, das gefällt mir«, ruft Lola voller Freude und tanzt durch die auf dem

Boden liegenden farbigen Herbstblätter. Es gefällt ihr so, dass sie Purzelbäume schlägt, Laubblätter zwischen ihre beiden Vorderpfoten klemmt und sie in die Luft wirft. »Ich sammle gleich noch einige farbige Herbstblätter. Die lege ich zu meinen Wintervorräten, damit ich mich im Winter, wenn alles grau, weiß und kalt ist, an den farbigen Blättern freuen kann.«

Lola steckt die Blattstiele so in ihren Mund, dass sie rechts und links von ihrem Gesicht zwei Blattsträuße hat. Die restlichen Blätter klemmt sie zwischen die Vorderpfoten und marschiert so in ihre Vorratshöhle hinein. Sie verteilt die Blätter überall, so dass die ganze Höhle in den schönen Herbstfarben leuchtet. »Nun muss ich aber wirklich Nüsse und Tannenzapfen sammeln gehen. Schließlich will ich im Winter nicht verhungern.«

Heute findet Lola so viele Nüsse und Tannenzapfen wie sonst in drei Tagen. Die Tannenzapfen steckt sie sich in den Mund, um sie so in die Höhle zu transportieren. »Hm, ich freue mich jetzt schon auf die feinen Samen von diesen Zapfen«, flüstert sie. Mit Tannenzapfen, Haselnüssen, Eicheln und Buchennüssen füllt sie am heutigen Tag zwei ihrer Vorratshöhlen. Die restlichen Vorratshöhlen füllt sie während der kommenden Tage. Sie will sicher sein, dass sie genügend Wintervorrat hat. »Hoffentlich finde ich all meine Vorräte wieder, wenn sie tief unter dem Schnee liegen. Ich werde mir einen kleinen Gang unter der Schneedecke graben müssen. Das schaffe ich bestimmt. Nun bin ich bereit für die kalte Jahreszeit«, sagt sich Lola, klettert in ihr Nest hoch oben in der Baumkrone und lässt sich vom Herbstwind in den Schlaf schaukeln.

Der kleine Stern auf Erden

Mir gefällt es, hier am Himmel zu sein und während der Nacht auf die Erde herunterzuschauen. Doch ich würde auch gern wissen, wie es dort unten während des Tages aussieht«, sagt sich der kleine Stern. Und so beschließt er, am nächsten Tag wach zu bleiben, damit er die Erde bei Tageslicht erkunden kann.

Als es langsam Morgen wird, steigt die Sonne am Himmel auf. Als sie den kleinen Stern sieht, fragt sie ihn: »Na, was machst du denn noch hier? Alle anderen Sterne und auch der Mond sind verschwunden.«

»Das stimmt. Aber weißt du, liebe Sonne, ich möchte gerne mal sehen, wie es auf der Erde während des Tages aussieht. Deshalb bin ich immer noch hier«, antwortet der kleine Stern.

»Ich wünsche dir viel Spaß dabei. Bin gespannt, was du alles entdecken wirst. Wenn du Lust hast, kannst du jeden Abend vor Sonnenuntergang zu mir kommen und mir berichten, was du auf der Erde gesehen hast«, schlägt die Sonne vor.

Der kleine Stern ist begeistert. »Gut, ich werde kommen. Also, dann bis heute Abend«, sagt er und verabschiedet sich von der Sonne.

Doch an diesem Tag kann der kleine Stern fast nichts sehen. Alles scheint grau zu sein. Enttäuscht kommt er vor Sonnenuntergang zur Sonne und erzählt von der grauen Decke. »Es sah aus, als hätten sich all unsere Wolken auf die Erde gelegt und alles zugedeckt. Wie Wolken aussehen, weiß ich, dafür hätte ich nicht während des Tages wach bleiben müssen«, sagt er traurig.

»Es hat vielleicht wie Wolken ausgesehen, aber das war Nebel, der sich auf der Erde ausgebreitet hat. Die Menschen und Tiere werden in dieser Jahreszeit manchmal regelrecht von ihm eingehüllt. So sehen sie Bäume und Wälder nicht mehr und

ihre Häuser müssen sie manchmal auch suchen. Aber weißt du was? Ich habe eine Idee«, sagt die Sonne. »Ich versuche morgen, wärmer zu scheinen, damit ich den Nebel auflösen kann. Sollte ich es aber nicht schaffen, kannst du zur Mittagszeit auf einem meiner Strahlen zur Erde hinunterrutschen und ich werde dir die Erde zeigen.«

»Wirklich?«, fragt der Stern verwundert.

»Ja, du darfst aber auf keinen Fall von meinem Strahl abspringen. Sonst findest du den Weg hinauf zum Himmel nicht mehr.«

»Das hört sich spannend an«, antwortet der kleine Stern und freut sich schon jetzt auf morgen Mittag.

Als sich der Nebel am nächsten Tag bis zum Mittag nicht aufgelöst hat, geht der kleine Stern zur Sonne und rutscht wie abgemacht auf ihrem Strahl hinab zur Erde. Doch als er am Ende des Strahls ankommt, bläst ihn ein fester Windstoß weg. Er landet in einem Garten. »Oh, hoffentlich finde ich den Weg zurück in den Himmel, wenn ich hier unten alles gesehen habe. Die Sonne hat mich ja gewarnt, ihren Strahl zu verlassen. Aber der Wind war einfach stärker als ich«, jammert der kleine Stern erschrocken. Begibt sich dann aber trotzdem tapfer auf Entdeckungsreise. Sieben Tage und sieben Nächte lang herrscht Nebel und der kleine Stern bleibt auf der Erde. Zum Übernachten sucht er sich immer einen anderen Ort. Einmal schläft er auf einem Hausdach und wärmt sich am Kamin. Ein anderes Mal findet er ein verlassenes Vogelnest und die letzte Nacht verbringt er zuoberst auf einer Tannenspitze.

»So, nun habe ich aber genug gesehen von dieser Welt«, sagt er sich schließlich, als er am anderen Morgen erwacht. »Ich möchte gerne wieder in den Himmel zurück. Nur, wie stelle ich das an?«, fragt er sich. »Ich bin doch viel zu klein, um von der Sonne gesehen zu werden.« Doch heute ist ein wunderschöner Herbsttag.

Die Sonne scheint und es schleicht kein Nebel mehr umher. Der kleine Stern kann endlich wieder mal bis in den Himmel sehen. Vielleicht sieht mich die Sonne, wenn ich tanze und mit meinen Zacken winke, denkt sich der kleine Stern. Doch alles Tanzen und Winken nützt nichts. Die Sonne sieht den kleinen Stern nicht. »Ohne die Hilfe der Sonne komme ich niemals mehr zum Himmel hinauf. Irgendwie muss ich mich bemerkbar machen«, sagt sich nun der kleine Stern nachdenklich.

Plötzlich spürt er etwas Warmes auf seinem Rücken. Das muss die Sonne sein, denkt er und dreht sich schnell um. Tatsächlich, sie ist es. Er wird sogar von ihrem Licht geblendet. Schnell legt er sich auf den Rücken und hofft, ihr Licht so zu spiegeln, dass er auch sie blendet.

Die Sonne muss blinzeln. »Mich blendet etwas. Das muss der kleine Stern sein, den wir seit einer Woche vermissen«, ruft sie erfreut und schickt ihren dicksten Strahl zur Erde hinab. Als der kleine Stern diesen Strahl sieht, hält er sich sofort daran fest und lässt sich zum Himmel hochziehen. Natürlich will die Sonne gleich wissen, weshalb der kleine Stern von ihrem Strahl abgesprungen ist, obwohl sie ihn davor gewarnt hatte.

»Weißt du, liebe Sonne, der Wind war stärker als ich. Er hat mich von deinem Strahl heruntergeweht. So musste ich mich auf meiner Entdeckungsreise alleine durch den Nebel kämpfen.«

»Aha, das war also der Wind. Aber nun hast du bestimmt viel zu erzählen«, sagt die Sonne.

»Ja, das habe ich. Zum Erzählen bin ich jetzt aber zu müde. Die lange Reise war anstrengend. Ich möchte zuerst etwas schlafen«, gähnt der kleine Stern.

»Mach nur«, sagt die Sonne gutmütig. »Die Sterne und der Mond haben oft nach dir gefragt und wollten wissen, was du auf der Erde machst. Wenn du willst, rufe ich sie alle zusammen und wir treffen uns heute Abend kurz vor Sonnenuntergang beim Mond. Dann kannst du uns allen von deiner Entdeckungsreise berichten.«

»Das ist eine gute Idee. Ich freue mich jetzt schon darauf, euch alles zu erzählen«, stimmt der Stern zu und legt sich schlafen.

Kurz vor Sonnenuntergang treffen sich alle am Himmelszelt. Die Sterne sind schon ganz ungeduldig. Der kleine Stern erzählt zuerst vom Obstgarten, den Bäumen und vom Apfel, der plötzlich herunterfiel. »Als ich auf der Erde ankam, bin ich in einem großen Garten mit Apfel- und Birnenbäumen gelandet. Um auszuruhen und zu schauen, wo ich überhaupt bin, setzte ich mich unter einen Apfelbaum. Plötzlich fiel mir ein reifer roter Apfel auf die Zacken und blieb darauf stecken.«

»Du hast also einen Apfelhut bekommen«, sagt da der Mond und alle müssen lachen.

»Ja, das könnte man so sagen«, grinst der kleine Stern. Anschließend erzählt er von den Herbstblättern, die wie durch ein Wunder ihre Farbe wechseln können. »Zuerst dachte ich, Maler hätten über Nacht jedes einzelne Blatt gelb, rot oder orange angemalt. Bis ich bemerkte, dass das gar nicht möglich ist, denn es können nicht alle Blätter gleichzeitig bemalt werden. Sie wurden farbig, weil im Herbst die Nächte kalt sind. Viele von ihnen waren zu Boden gefallen und ich konnte auf ihnen herumtanzen. Das eine Mal machte ich Purzelbäume und mit jedem Purzelbaum, den ich machte, steckten mehr Blätter an meinen Zacken.« Der kleine Stern erzählt immer weiter und weiter. Seinen Zuhörern gefallen seine Geschichten. Und weil er an diesem einen Abend lange nicht alles erzählen kann, beschließen sie, sich von nun an immer vor Sonnenuntergang zu treffen, um ihm beim Erzählen zuzuhören. Und gehen ihm dann doch mal die Geschichten aus, reist er einfach wieder für einige Tage auf die Erde hinab. So kann er seinen Freunden noch lange Geschichten erzählen.

Großvater Storch und Enkel Klapperschnabel

K omm, Klapperschnabel, heute fliegen wir hoch hinaus«, sagt Großvater Storch zu seinem Enkel.« »Ich will dir einiges von unserer schönen Welt zeigen, denn überall leuchten nun die Herbstbäume. Nimm den Schal und die Sonnenbrille mit. Die Sonne wärmt und blendet zwar immer noch, da es aber Herbst ist, sind die Tage oft kühler.«

»Klapper, klapper, die Welt willst du mir zeigen? Ich bin aber noch viel zu jung, um lange fliegen zu können«, antwortet sein Enkel und klappert aufgeregt mit seinem Schnabel.

»Keine Angst, mein Kleiner. Wir werden immer wieder Pausen machen. Denn wir gehen nicht auf Reisen, um möglichst weit zu fliegen, sondern um den Herbst zu entdecken«, erklärt der Großvater nun seinem Enkel Klapperschnabel.

»Klapper, klapper, Großvater, wird es auch mal regnen, wenn wir unterwegs sind?«

»Das kann gut sein«, antwortet der Großvater.

»Klapper, klapper, dann nehme ich noch meine Regenmütze mit, damit wenigstens meine Federn auf dem Kopf nicht nass werden. Den großen Regenschutz kann ich ja zum Fliegen sowieso nicht gebrauchen. Den lasse ich am besten zu Hause«, überlegt Klapperschnabel.

»Das brauchst du nicht. Denn dank deiner Federn wird dein Kopf, auch wenn es regnet, nicht richtig nass. Aber nimm ruhig deine Mütze mit. Man weiß ja nie, wie es das Herbstwetter mit uns meint.«

Endlich kann die Reise losgehen. Der Großvater fliegt voraus und Enkel Klapperschnabel mit der Sonnenbrille vor den Augen, dem Schal und der Regenmütze im Schnabel, hinterher. Sie fliegen über einen großen See. »Schau, Klapperschnabel,

wir fliegen höher als das große Schiff auf dem Wasser und schneller sind wir auch.«

»Klapper, klapper, stimmt«, ruft Klapperschnabel zurück und im gleichen Augenblick, oh herrje, fallen ihm Schal und Regenmütze aus dem Schnabel. »Klapper, klapper, Großvater, hilf mir«, ruft er erschrocken.

Als sich der Großvater umdreht, sieht er, wie der Schal und die Regenmütze seines Enkels Richtung Wasser fallen. Flink wendet er und fliegt so schnell er kann nach unten. Klapperschnabel hat Glück, denn gerade bevor seine Sachen im Wasser landen, erwischt sie sein Großvater mit dem Schnabel. Nun kann der Großvater nicht mehr sprechen. Also winkt er Klapperschnabel mit dem Kopf zu, er solle ihm folgen. Auf der großen Trauerweide machen sie einen Zwischenhalt. »Wenn du das alles auf unseren Ausflug mitnehmen willst, musst du es auch anziehen. Sonst kannst du ja nicht mehr sprechen«, erklärt der Großvater nun seinem Enkel.

»Klapper, klapper, Regenmütze und Sonnenbrille passen nicht gut zusammen. Aber mir bleibt wahrscheinlich nichts anderes übrig«, antwortet Klapperschnabel bedächtig. Also schlingt er den warmen Schal um den Hals und macht gleich zwei Knoten hinein. Die Sonnenbrille setzt er auf seinen Schnabel und die Regenmütze zieht er über seinen Kopf. Diese bindet er so fest, dass die Brille auch bei schnellem Flug mit viel Flugwind sicher ist. So fliegen sie weiter. Alle Vögel, die an ihnen vorbeifliegen, drehen sich verwundert nach ihnen um. Die einen fangen an zu zwitschern und zu lachen und sagen: »Soll das ein Vogel sein? Der sieht aber wirklich komisch aus.«

Klapperschnabel stört das nicht. Er ist froh, seine Sachen nicht mehr zu verlieren, und genießt den schönen Ausflug mit seinem Großvater.

Als sie über einen Wald fliegen, ruft sein Großvater: »Klapperschnabel, siehst du diese schönen farbigen Laubbäume?«

»Ja, von hier oben sieht es aus, als seien sie farbige Blumen mit riesigen Köpfen.«

»Da hast du recht«, stimmt der Großvater zu. Dann fügt er noch an: »Wenn du einverstanden bist, fliegen wir, obwohl es bald dunkel wird, weiter und kehren erst morgen wieder nach Hause zurück.«

»Klapper, klapper, das ist das erste Mal, dass ich nicht zu Hause übernachte. Hoffentlich suchen meine Eltern mich nicht«, überlegt Klapperschnabel.

»Ich habe ihnen vor unserem Abflug gesagt, dass wir vielleicht erst morgen wieder nach Hause kommen werden«, beruhigt ihn sein Großvater.

Klapperschnabel findet es spannend, mit seinem Großvater unterwegs zu sein. Bevor die Sonne ganz untergeht, suchen sie sich einen Platz zum Übernachten. Sie finden einen alten, großen Baum, auf dem es ein verlassenes Storchennest gibt. »Da wollen wir übernachten«, sagt der Großvater.

»Klapper, klapper, es ist zwar eng, aber es reicht bestimmt für uns beide«, sagt Klapperschnabel.

»Du musst dich nur ein wenig schmal machen, sonst fällt einer von uns beiden plötzlich aus dem Nest«, sagt der Großvater schmunzelnd.

Als sie am anderen Morgen erwachen, erschrickt Klapperschnabel. »Großvater, Großvater, schnell, wach auf. Es ist etwas Schreckliches passiert!«

»Was ist denn los?«, fragt sein Großvater mit schläfriger Stimme.

»Als wir gestern hier ankamen, konnten wir trotz der Dunkelheit noch Bäume und Wiesen sehen. Weit entfernt gab es sogar Lichter. Und nun ist alles verschwunden. Alles ist weiß. Egal, ob ich nach oben, unten, hinten oder vorne schaue.«

»Meinst du nicht, dass das ein Traum sein könnte, Klapperschnabel?«, fragt der Großvater.

»Klapper, klapper, nein, bestimmt nicht. Ich schlafe nicht mehr. Ich bin wach und habe auch keine Sonnenbrille auf«, antwortet Klapperschnabel aufgeregt.

»Du hast recht. Es ist über Nacht wirklich etwas passiert. Bevor wir nach Hause fliegen, zeig ich's dir. Zuerst fliegen wir nach oben, Richtung Himmel, dann wirst du's sehen.«

»Klapper, klapper, wohin fliegen wir? Überall ist es grau. Ich weiß nicht, wohin es Richtung Himmel geht.«

»Vertraue mir. Ich kenne den Weg«, sagt der Großvater.

Klapperschnabel muss nur noch seine Sonnenbrille, die er heute eigentlich gar nicht gebraucht hätte, aufsetzen. Den Schal und die Regenmütze hat er während der ganzen Nacht getragen. Schließlich will er nicht, dass ihm während des Fluges nochmals etwas herunterfällt und sein Großvater es holen muss.

Nun kann es Richtung Himmel gehen. »Klapper, klapper, mit der Brille sieht alles noch viel schlimmer aus«, ruft Klapperschnabel seinem Großvater zu.

»Das glaub ich dir, aber bald wird es besser«, antwortet sein Großvater.

Klapperschnabel kann sich nicht vorstellen, was sein Großvater damit meint. Doch plötzlich ist es nicht mehr so grau um die beiden Störche. Da ruft Klapperschnabel: »Klapper, klapper, Großvater, die Sonne scheint wieder. Wie hast du sie herbeigezaubert?«

»Zaubern kann ich nicht. Zauberei ist auch gar nicht nötig, denn der Nebel ist nur unten im Tal. Er hat die ganze Landschaft eingehüllt, so dass es aussah, als sei alles verschwunden. Aber nun sind wir über dem Nebel. Und hier oben sieht die Welt schöner aus. Trotz der Sonne ist es kühl, aber der Himmel ist blau und du kannst ganz weit sehen.«

»Klapper, klapper, Großvater, wir sind in einer anderen Welt. Soweit sind wir aber gar nicht geflogen.«

»Das stimmt. Aber nun müssen wir uns auf den Heimweg machen, denn deine Eltern erwarten uns spätestens heute zurück.«

»Klapper, klapper, müssen wir wirklich wieder in den Nebel hinab? Hier oben gefällt es mir viel besser.«

»Der Nebel bleibt nicht für immer. Vielleicht hat er schon bald Löcher oder er löst sich ganz auf. Dann ist es bei uns unten auch wieder schön. Dann strahlen unsere farbigen Laubbäume in der Herbstsonne«, sagt der Großvater.

»Klapper, klapper, darauf freue ich mich schon. Also nichts wie los. Und meinen Eltern habe ich viel von unserer Herbst- und Nebelreise zu erzählen.«

Der knorrige Traubenstock

Der knorrige Traubenstock ist unglücklich. Auch die Herbstsonne kann ihn mit ihren warmen Strahlen nicht erheitern. »Warum bist du traurig?«, fragen ihn die anderen Traubenstöcke.

»Weil ich nur ein Traubenstock bin«, antwortet der knorrige Traubenstock traurig.

»Wir sind auch nur Traubenstöcke, aber wir sind stolz darauf«, sagen da die anderen.

»Das mag schon sein, ich aber finde es langweilig und weil mich meine Wurzelfüße im Boden festhalten, kann ich nicht einfach davonlaufen und etwas Neues entdecken.«

»Wir sind aber froh, dass du bei uns bist. Denn ohne dich hätten wir einige feine Trauben weniger und der Traubensaft oder Wein, der aus uns gemacht wird, wäre auch schlechter ohne dich«, versuchen die anderen den knorrigen Traubenstock aufzumuntern.

Die können schon so plaudern, denkt sich der knorrige Traubenstock, für den nächsten Herbst muss ich mir etwas einfallen lassen.

Als es wieder Herbst wird, ist alles anders. Der knorrige Traubenstock hat sich wirklich etwas einfallen lassen. »Na, was ist denn mit dir passiert? Du siehst ja gar nicht mehr so aus wie wir anderen«, stellen die übrigen Traubenstöcke fest.

»Ja, da staunt ihr, was? Ich mag es nicht mehr, ein ganz normaler Traubenstock zu sein und nur Trauben an mir zu haben. Deshalb habe ich mich entschieden, dieses Jahr auch Aprikosen und Birnen zu tragen. So bin ich der einzige Traubenstock auf der Erde, der drei verschiedene Fruchtsorten trägt. Von allen, die mich sehen, werde ich bestaunt. Das gefällt mir gut«, sagt der knorrige Traubenstock stolz.

Die anderen Traubenstöcke schütteln den Kopf, da sie ihn nicht verstehen können. Nach einiger Zeit sagt der Nachbarstraubenstock: »Diese Früchte sind aber viel zu schwer für deine feinen Äste. Meinst du nicht, sie könnten brechen?«

»Nein, das glaube ich nicht. Und überhaupt geht dich das gar nichts an. Ich bin stark genug und kann diese Früchte alle selbst tragen«, antwortet der knorrige Traubenstock trotzig.

Ein Jahr später leuchten nur die farbigen Herbstblätter am knorrigen Traubenstock. Es gibt keine goldig orangefarbenen Aprikosen, keine saftigen Birnen, und Traubenbeeren sind auch keine da. »Hey, knorriger Traubenstock, bist du krank? Du trägst ja diesen Herbst gar keine Früchte, nicht einmal Trauben«, erkundigen sich die anderen Traubenstöcke.

»Nein, krank bin ich nicht. Aber müde. Im letzten Herbst wollte ich der größte, beste und schönste Traubenstock sein, den es auf der ganzen Welt gibt. Aber die Aprikosen, Birnen und Trauben, die ich trug, haben mich viel Kraft gekostet. Deshalb muss ich dieses Jahr eine Pause machen. Ich habe keine Früchte, nur Laubblätter an mir wachsen lassen«, antwortet der knorrige Traubenstock.

»Das können wir gut verstehen. Schließlich haben wir gesehen, wie sich deine Äste im letzten Herbst wegen der vielen schweren Früchte gebogen haben und mit ihren Spitzen fast den Boden berührten. Aber du gefällst uns auch ohne Früchte«, sagen die anderen Traubenstöcke mitfühlend.

Als es im nächsten Jahr erneut Herbst wird, strahlt der knorrige Traubenstock glücklich und zufrieden. »So glücklich haben wir dich noch nie gesehen«, sagen die anderen Traubenstöcke.

»Stimmt, mir geht es heute so gut wie schon lange nicht mehr«, sagt der knorrige Traubenstock. »Ich habe wieder genug Kraft für meine Trauben und habe gemerkt, dass ich keine anderen Früchte tragen muss, um glücklich zu sein. Ich bin zufrieden mit meinen süßen und feinen Traubenbeeren. Da ich aber Farben liebe, habe ich beschlossen, von nun an jeweils blaue und grüne Trauben zu tragen.«

Die anderen Traubenstöcke sagen schmunzelnd: »Das ist wirklich eine lustige und gute Idee von dir. Wir sind stolz auf dich.«

Und so ist der knorrige Traubenstock der Einzige weit und breit, der gleichzeitig blaue und grüne Trauben trägt und deshalb von allen bestaunt wird.

Der Schatz im Blätterlabyrinth

Diese vielen Herbstblätter hier auf dem Boden gefallen mir gar nicht. Dadurch ist es für mich viel zu anstrengend, durch die Gegend zu laufen«, schimpft die Maus.

Das Eichhörnchen, das gerade unter den farbigen Herbstblättern nach Tannenzapfen sucht, kommt zur Maus und sagt: »Denkst du, du bist die Einzige, die sich durch die Herbstblätter kämpfen muss? Ich finde wegen der vielen Blätter nicht mal mehr den Eingang zu den Verstecken, in denen ich meine Tannenzapfen für den Winter vergraben habe.«

»Ja, aber du bist größer als ich und kannst dich bestimmt besser durch das Blätterdickicht kämpfen.«

»Da magst du recht haben. Auf jeden Fall habe ich im letzten Jahr mit meinen Freunden oft Verstecken gespielt und richtige Gänge und Höhlen unter der Blätterdecke gebaut. Ab und zu kam der Wind und hat uns alle Blätter weggeblasen. So mussten wir wieder von vorn anfangen.«

»Wirklich?«, fragt die Maus neugierig.

»Ja, wenn du willst, zeig ich dir morgen früh meine Höhlen unter der Blätterdecke. Ich habe nämlich auch in diesem Jahr wieder welche gebaut.«

»Einverstanden«, antwortet die Maus. »Also, dann treffen wir uns morgen früh bei Sonnenaufgang unter der großen Buche am Waldrand. Ich zeige dir, wie lustig es unter der Blätterdecke sein kann«, sagt das Eichhörnchen.

Noch bevor am nächsten Morgen die Nacht vom Tag abgelöst und es draußen hell wird, macht sich die Maus auf den Weg zur großen Buche. Sie will als Erste dort sein. Als das Eichhörnchen bei Sonnenaufgang ebenfalls kommt, fragt es die Maus erstaunt: »Ach, du bist schon hier?«

»Ja, ich konnte es einfach nicht abwarten«, antwortet die Maus.

Da sagt das Eichhörnchen: »Dann komm, wir wollen keine Zeit verlieren. Wir kriechen gemeinsam durch meine Höhlen und Gänge. Es ist wie ein Labyrinth. Man kann sich auch darin verlaufen.«

»Ich komme«, entgegnet die Maus gespannt. Sie beobachtet und beschnuppert alles ganz genau. Dabei entdeckt sie unter der Blätterdecke plötzlich eine feine Nuss und fängt sofort an, an ihr zu knabbern. Ihr knurrte der Magen vor Hunger, da sie wegen der Aufregung kein Frühstück essen konnte. Doch der letzte Bissen bleibt der Maus ihm Hals stecken. Sie hat das Gefühl, ersticken zu müssen. Und das Eichhörnchen ist bereits weitergegangen, die Maus kann es nun nicht mehr sehen. Und es gibt so viele Gänge in diesem Blätterlabyrinth. Da ruft die Maus nervös und mit zittriger Stimme: »Eichhörnchen, Eichhörnchen, wo bist du? Ich kann dich nicht mehr sehen. So warte doch! Ich brauche unbedingt ein Schlückchen Wasser.«

Als das Eichhörnchen die Maus rufen hört, kommt es schnell zu ihr zurück, wackelt mit den Ohren und fragt: »Du brauchst Wasser?«

Die Maus nickt nur, weil sie nicht mehr reden kann.

»Dann komm mit, wir gehen zum großen Ahornblatt am anderen Ende des langen Ganges. Dort sammelt sich oft Regenwasser. Davon kannst du trinken.«

Die Maus nickt nur immer wieder und folgt dem Eichhörnchen zum großen Ahornblatt. Tatsächlich. Es haben sich einige Regentropfen im Blatt gesammelt. Sie reichen gerade, damit die Maus das Nussstückchen, das ihr noch im Hals steckt, herunterspülen kann. »Danke, Eichhörnchen, ohne dieses Wasser hätte ich ersticken müssen.« Und dann erzählt die Maus die Geschichte von ihrer Nuss.

»Ja, weißt du«, sagt da das Eichhörnchen, »unter diesen Herbstblättern habe ich schon allerhand gefunden. Buchennüsse, Eicheln, Haselnüsse oder wunderbar orange-rot-gelb leuchtende Herbstblätter. Mein Blätterlabyrinth ist wie eine Schatzkammer. Es gibt immer wieder Neues zu entdecken. Und manchmal gibt es nachts einen speziellen Schatz zu sehen. Den kennt bis heute außer mir niemand. Wenn du willst, kann ich ihn dir zeigen.«

»Ja, gerne. Vorher muss ich mich aber noch ausruhen«, antwortet die Maus erfreut.

»Gut, dann treffen wir uns übermorgen um Mitternacht beim Eingang meines Blätterlabyrinths.«

»Ich werde da sein«, sagt die Maus und verabschiedet sich.

Doch schon während der kommenden Nacht schleicht die Maus zum Blätterlabyrinth und will alleine nach dem Schatz suchen, von dem das Eichhörnchen ihr erzählt hat. Vergeblich. Trotz des Mondlichtes ist es in den Gängen stockdunkel. Plötzlich bemerkt die Maus, dass sie gar nicht mehr weiß, wo sie ist und wie sie wieder herauskommt. Sie ruft ganz aufgeregt: »Hilfe, ich habe mich im Labyrinth verlaufen! Hätte ich doch nur bis morgen um Mitternacht gewartet, damit ich gemeinsam mit dem Eichhörnchen auf Schatzsuche hätte gehen können.« Und so bleibt der Maus nichts anderes übrig, als im Labyrinth zu übernachten.

In der folgenden Nacht kommt das Eichhörnchen ein wenig vor Mitternacht zum Labyrinth. Es will sicher sein, dass heute der Schatz auch wirklich leuchtet, und deshalb zuerst alleine nach ihm Ausschau halten. Als es durch das dunkle Labyrinth kommt, steht es plötzlich vor der Maus. »Hast du mich erschreckt«, sagt das Eichhörnchen zur Maus. »Was machst du denn alleine hier in meinem Labyrinth?«

»Ich wollte den Schatz, von dem du mir erzählt hast, gestern Nacht alleine suchen. Dabei habe ich mich verlaufen und den Ausgang nicht mehr gefunden.«

»Ich hätte nie gedacht, dass du einfach ohne mich hierher kommst. Es geschieht dir ganz recht, dass du dich verirrt hast«, sagt da das Eichhörnchen wütend.

»Entschuldigung. Ich werde nie wieder so etwas machen. Ich verspreche es dir«, sagt die Maus bedauernd.

»Gut, aber das musst du mir zuerst beweisen. Meinen Schatz zeig ich dir erst, wenn ich weiß, dass ich dir vertrauen kann. Genau heute in einer Woche treffen wir uns wieder um Mitternacht vor dem Eingang meines Blätterlabyrinths. Dann kann ich dir sagen, ob ich dir meinen Schatz zeigen werde oder nicht«, sagt das Eichhörnchen.

»Ich werde da sein«, sagt die Maus mit leiser Stimme. Gemeinsam verlassen sie die Höhle, ohne weiter miteinander zu sprechen.

Damit das Eichhörnchen sicher ist, dass die Maus während dieser Woche nicht alleine in ihr Blätterlabyrinth schleicht, verbringt es die Tage auf den Bäumen, von denen aus es den Eingang zum Labyrinth bestens beobachten kann. Die Nacht verbringt es direkt vor dem Labyrintheingang. Eine Woche später, als sie sich zur vereinbarten Zeit treffen, sagt das Eichhörnchen zur Maus: »Da ich alles bestens bewacht habe, weiß ich, dass du dein Versprechen gehalten hast und wirklich nicht mehr alleine in mein Labyrinth unter der Blätterdecke geschlichen bist. Also komm mit, ich zeige dir meinen Schatz.«

»Gerne. Ich bin sehr gespannt, was du mir zeigen willst«, antwortet die Maus.

Gemeinsam kriechen sie durch die dunklen Gänge und Höhlen und gelangen schließlich zum großen Ahornblatt. »Ich glaube, dieses Blatt kenne ich schon. Habe ich nicht aus ihm getrunken?«, fragt die Maus.

»Das stimmt. Du bist aber während des Tages und nicht in der Nacht hier gewesen. Manchmal leuchtet es aus dem Blatt heraus, wie wenn Gold darin wäre, so wie heute.«

Als die Maus näher kommt, leuchtet es auch vor ihren Augen plötzlich golden. »Dieser Schatz könnte dir eines Tages gestohlen werden. Warum lässt du ihn hier drin?«, fragt sie.

»Versuch ihn mal zu stehlen«, sagt das Eichhörnchen.

»Nein, der gehört dir«, antwortet die Maus.

»Gut, dann nimm ihn wenigstens zwischen deine Pfoten«, verlangt das Eichhörnchen.

Doch als die Maus den Schatz mit ihren Vorderpfoten berühren will, merkte sie, dass es Wasser ist. »Das ist ja nur Wasser«, ruft sie enttäuscht.

»Aber es ist trotzdem ein Schatz. Stell dir vor, wenn es hier beim letzten Mal, als dir ein Stückchen von der Nuss im Hals stecken geblieben ist, kein Wasser gegeben hätte, wärst du erstickt. Zum Glück konntest du von diesem Schatz trinken.«

»Ja, und weshalb leuchtet dieses Wasser nur nachts? Denn als ich vor einigen Tagen davon getrunken habe, hat es nicht geleuchtet wie jetzt«, will nun die Maus wissen.

»Ganz einfach: Wenn der Mond von keiner Wolke verdeckt wird und er hell genug leuchtet, scheint er durch die Ritzen der Herbstblätter. Und im Mondlicht erscheinen diese Wassertropfen dann wie ein leuchtender Schatz.«

»Du hast recht. Auch wenn dein Schatz nur aus Regentropfen besteht, es ist trotzdem ein richtiger Schatz. Denn ohne ihn wäre ich vielleicht erstickt«, stimmt die Maus jetzt dem Eichhörnchen zu.

»Siehst du«, sagt das Eichhörnchen glücklich und zufrieden. Kurze Zeit später beschließen sie, heute Nacht gemeinsam neben dem goldigen Wasserschatz zu schlafen. Sie träumen, alle Höhlengänge unter der Laubblätterdecke seien mit kleinen goldigen Wasserschätzen verziert.

Die vier Jahreszeiten

Winter

Zwei Hasenfreunde beim Schlittenfahren

Jupii, jupii, dulidu, alles ist weiß. Heute kann ich mit dem Schlitten den Hang heruntersausen. Mal schauen, ob mein Freund Breitfuß mitkommt«, sagt der Hase Dulidu zu sich selbst. Seinen lustigen Namen hat er von seinen Freunden erhalten, denn immer wenn er sich über etwas freut, ruft er vergnügt: Dulidu!

Dulidu ist auf dem Weg zu seinem Freund Breitfuß. Er klopft an seine Tür und ruft: »Breitfuß, Breitfuß, bist du hier?«

»Wer ist da?«, fragt eine schläfrige Stimme.

»Ich bin's, Dulidu.«

»Was willst du mitten in der Nacht?«, fragt Breitfuß.

»Wieso mitten in der Nacht? Es ist kurz vor Mittag«, antwortet Dulidu.

»Da muss ich wohl verschlafen haben. Ich brauche viel Schlaf, da ich erkältet bin«, antwortet Breitfuß und öffnet seinem Freund die Tür.

»Es hat geschneit und ich möchte gerne mit dem Schlitten fahren. Kommst du mit?«, fragt Dulidu seinen Freund.

»Ja, ich komme mit. Zuerst muss ich aber noch frühstücken. Karottensalat und Maisbrot mit Haferflocken stehen heute auf meinem Speiseplan. Den muss ich einhalten, hat der Doktor gesagt. Sonst werde ich nicht wieder gesund.«

»Gut, dann warte ich auf dich«, antwortet Dulidu. Als Breitfuß mit dem Essen fertig ist, zieht er sich warm an. Zusätzlich bindet er noch einen langen Schal um seinen Hals. Und weil er nicht gerne an seinen Kopf friert, setzt er noch eine Mütze auf.

Als Dulidu ihn so gekleidet sieht, ruft er: »Jupii, jupii, dulidu, Breitfuß, du siehst aber lustig aus. Deine Mütze hat ja für deine Ohren zwei Schlitze.«

»Du musst mich gar nicht auslachen. Meine Ohren brauchen frische Luft. Außerdem, wenn ich sie mit der Mütze zudecke, kann ich nichts mehr hören«, entgegnet Breitfuß.

»Du gefällst mir auch so«, sagt Dulidu grinsend und marschiert mit seinem Freund Richtung Hang. »Nun wollen wir aber endlich mit dem Schlitten fahren.« Am Hang fängt er an, im Schnee zu graben.

»Was machst du da?«, fragt Breitfuß verwundert seinen Freund.

»Ich habe beim letzten Schnee, hier hinter dieser Tanne, einen Schlitten vergraben. Nun muss ich ihn wieder ausgraben.«

Dulidu hat den Schlitten gut versteckt. Er muss ein tiefes Loch graben, um ihn herausholen zu können. Endlich ist es soweit. Sie sitzen gemeinsam auf dem Schlitten und sausen den Hang hinunter. Doch beim schnellen Flitzen übersehen sie einen großen Schneehaufen. »Achtung, Breitfuß«, ruft Dulidu. Doch es ist schon zu spät. Ihr Schlitten bleibt im Schneehaufen stecken und beide fliegen im hohen Bogen in den weichen, tiefen Schnee und versinken. Bis auf eine kleine Ohrspitze ist nichts mehr von ihnen zu sehen. Es ist ganz still. Die kleine Ohrspitze bewegt sich vorsichtig. Dann kommt eine zweite Ohrspitze zum Vorschein und schließlich streckt Dulidu den ganzen Kopf aus dem Schnee.

»Prrr, das war eine Tiefschneelandung«, sagt er und schüttelt den Kopf und seine Löffelohren. Langsam zieht er die eine, dann die andere Vorderpfote aus dem Schnee und schüttelt den Schnee ab. »Breitfuß, wo bist du?«, fragt Dulidu besorgt. Denn von seinem Freund ist nichts zu sehen. Er bekommt keine Antwort. »Breifuß, Breitfuß, wo bist du?«, fragt Dulidu und wird immer aufgeregter. Plötzlich hört er ein Geräusch, »Ha..., ha..., hatschi!«, und sieht, wie Schnee durch die Luft wirbelt. Für einen Augenblick kann Dulidu nichts mehr sehen vor lauter Schnee. Ein wenig später, als die Sicht wieder besser ist, entdeckt Dulidu seinen Freund Breitfuß. »Da bist du ja, Breitfuß«, ruft Dulidu.

»Hatschi, ja, da bin ich, hatschi. Mich kitzelt ..., hatschi ..., der Schnee in der Nase ..., hatschi. Deshalb muss ich immer wieder niesen ..., hatschi.«

»Tut dir sonst nichts weh?«, fragt Dulidu besorgt.

»Nein, und dir?«

»Mir auch nicht«, antwortet Dulidu erleichtert. »Willst du noch mal fahren?«, fragt er nun seinen Freund.

»Nein ..., hatschi ..., danke. Ich warte lieber dort drüben ..., hatschi ..., neben der Tanne auf dich. Geh ruhig noch mal, hatschi.«

»Gut, ich hole dich anschließend mit dem Schlitten ab. Bis dann«, sagt Dulidu zu seinem Freund Breitfuß und stampft im tiefen Schnee den Hang hinauf. Als er oben ankommt, setzt er sich auf den Schlitten und ruft vor dem Losfahren: »Jupii, jupii, dulidu«, und saust noch schneller als vorher den Hang hinunter. Doch diesmal weiß er, wo der Schneehaufen ist und macht einen großen Bogen darum herum. »Jupii, jupii, dulidu«, ruft er vor Freude immer wieder. Als er bei seinem Freund Breitfuß vorbeikommt, hört er aus seiner Richtung: »Ha..., Ha..., Hatschi!« Und als Dulidu zu seinem Freund hinüberschaut, sieht er, wie der Schnee von der Tanne herabfällt und Breitfuß zu einem Schneehasen macht.

»Breitfuß, Breifuß, ich komme. Ich bin gleich bei dir«, ruft Dulidu und beginnt sogleich, seinen Freund vom Schnee zu befreien.

»Hatschi! Danke, Dulidu. Das ist wohl passiert, weil ich andauernd niesen muss. Wegen meinem Niesen fingen die Tannenäste zu zittern an und der ganze Schnee, der auf ihnen lag, kam herunter«, sagt Breitfuß zu Dulidu. »Nun habe ich endgültig genug vom Schnee. Ich will schnellstens nach Hause«, murmelt Breitfuß.

»Für heute reicht es mir auch«, sagt Dulidu. »Aber vielleicht gehe ich morgen wieder in den Schnee. Als ich dich vorhin gesehen habe, dachte ich, wir könnten doch gemeinsam mal einen richtigen Schneehasen bauen. Weißt du, einen mit zwei riesengroßen Löffelohren.«

»Aber bestimmt nicht mehr heute ..., hatschi ...! Zuerst muss ich mein ewiges Niesen wieder ..., hatschi ..., loswerden«, sagt Breitfuß.

»Das ist bestimmt besser für dich. Aber der Winter ist ja noch lange nicht vorbei. Wir werden bestimmt noch genug Zeit haben, eine ganze Schneehasenfamilie zu bauen«, sagt Dulidu zu seinem Freund. Dann machen sie sich gemeinsam auf den Heimweg. Als sie zu Hause bei Breitfuß ankommen, kocht Dulidu eine Kanne heißen Tee für sie. Anschließend zündet er im Cheminée ein Feuer an, damit sich sein Freund wieder aufwärmen kann. Als Dulidu seinen Tee getrunken hat, sagt er: »So, nun ist es für mich Zeit, zu gehen. Ich hoffe, du bist bald wieder gesund, Breitfuß, denn ich freue mich jetzt schon auf unsere Schneehasenfamilie.«

»Hatschi, ich mich auch«, antwortet Breitfuß. Und beide träumen während der Nacht von einer Schneehasenfamilie mit zehn Schneehasenkindern.

Der Traum vom Schneemann

Die Landschaft liegt unter einer weißen Schneedecke. Der kalte Wind lässt die Schneeflocken in der Luft umhertanzen. Es sieht aus wie in einer Zauberwelt. Weil es so kalt ist, haben sich die Waldtiere in ihre warmen Winterquartiere zurückgezogen. Nur der Schneemann steht einsam und verlassen auf der schneebedeckten Wiese. Er hat einen Strohhut auf dem Kopf und seine Rüblinase ist so groß, dass ganz viele Schneeflocken darauf Platz haben. Damit er sich nicht erkältet, hat er einen langen, farbigen Schal um seinen Hals gewickelt. Selbstverständlich darf der Besen nicht fehlen. Diesen braucht er zum Wegwischen des vielen Schnees.

»Juhui, diese tanzenden Schneeflocken gefallen mir. Hatschi, niesen muss ich auch noch. Das Wetter ist auch für uns Schneemänner fast ein wenig zu kalt. Ich muss aufpassen, dass ich mich nicht erkälte«, ruft der Schneemann in das Schneeflockentreiben. Mit Freude schaut er den tanzenden Schneeflocken zu. Es werden ja immer mehr und mehr, denkt er sich. Das wird bestimmt ein richtiger Schneesturm, denn der Wind bläst auch immer stärker. Damit die Flocken ihm nicht in die Augen fliegen, schließt er sie am besten und öffnet sie erst wieder, wenn der Sturm vorbei ist. Kurze Zeit später ist er eingeschlafen und schnarcht ganz laut ...

Im Schlaf denkt er: Juhui, ich bin am Meer. Schon immer habe ich mir gewünscht, einmal in meinem Leben ans Meer zu gehen. Und nun bin ich wie durch ein Wunder auf einmal dort. Diese großen Wellen gefallen mir. Es ist einfach wunderbar. Ich springe gleich mal ins Wasser.

Und schon schwimmt der Schneemann im Meer umher. Dabei verliert er beinahe seinen Hut. Er nimmt seinen Schal und bindet den Strohhut damit fest. Dann entdeckt der

Schneemann Sterne im Wasser. »Was macht ihr denn hier? Ihr gehört doch mit dem Mond an den Himmel«, sagt er verwundert zu ihnen.

Die Sterne antworten: »Lieber Schneemann, wir sehen zwar aus wie die Sterne am Himmel, sind aber keine. Wir heißen Seesterne und leben hier im Meer. Sobald wir an Land gehen, sterben wir.«

»Aha, ich wusste nicht, dass es im Meer auch Sterne gibt. Ich bin zum ersten Mal hier«, sagt der Schneemann. Dann verabschiedet er sich von ihnen und schwimmt weiter.

Kurze Zeit später kommt ihm ein stacheliges Tier entgegen. »Bist du nicht ein Igel und müsstest in dieser kalten Jahreszeit eigentlich einen Winterschlaf machen?«, fragt der Schneemann neugierig.

»Soviel ich weiß, machen nur Igel, die im Wald oder im Garten leben, einen Winterschlaf. Ich mache keinen, bin aber trotzdem ein Igel, und zwar ein Seeigel«, antwortet ihm das stachelige Tier.

»Entschuldigung. Ich bin zum ersten Mal im Meer und wusste nicht, dass hier im Wasser auch Igel leben«, sagt der Schneemann zum Seeigel und verabschiedet sich von ihm. Gemütlich schwimmt er weiter durch das salzige Meer und entdeckt viele neue Sachen. Plötzlich schwimmt ihm ein großes Tier entgegen. Der Schneemann erschrickt.

»Du brauchst keine Angst vor mir zu haben. Ich tue dir nichts«, sagt das Tier freundlich.

»Wer bist du?«, fragt der Schneemann zaghaft.

»Ich bin ein Delphin. Und wer bist du?«, fragt der Delphin zurück.

»Ich bin ein Schneemann«, antwortet der Schneemann.

»Was machst du denn bei uns hier im Meer? Ich dachte immer, Schneemänner können weder schwimmen, noch mögen sie die Wärme der Sonne.«

»Mein größter Wunsch war es immer, einmal im Meer auf Entdeckungsreise zu gehen. Seesterne und Seeigel habe ich bereits kennengelernt. Dank dir weiß ich nun auch, wie ein Delphin aussieht.«

»Komm, halte dich an meiner Rückenflosse fest«, sagt der Delphin zum Schneemann. »Wenn du willst, zeig ich dir das ganze Meer, da gibt es wunderschöne Sachen zu sehen.«

Der Schneemann muss nicht lange überlegen. Schnell greift er nach der Rückenflosse des Delphins und hält sich fest. Die lange Entdeckungsreise durchs Meer kann losgehen.

Da passiert etwas, das Meer und der Delphin verschwinden. Plötzlich ist wieder alles verschneit ... »Wo ist denn der Delphin hin verschwunden?«, fragt sich der Schneemann. »Soeben bin ich noch mit ihm durchs Meer geschwommen. Er wollte mir doch viele wunderschöne Sachen zeigen. Nun aber bin ich wieder alleine hier auf der verschneiten Wiese. Der Wind hat ein wenig nachgelassen, aber Schneeflocken tanzen immer noch um mich herum...« Jetzt wird dem Schneemann klar, dass er seine Reise durchs Meer nur geträumt hat. Er denkt: Auch wenn alles nur ein Traum war, schön war es trotzdem. Wer weiß, vielleicht kann ich ja wirklich mal ans Meer fahren und die Seesterne und Seeigel besuchen. Der Delphin würde sich bestimmt auch freuen, mich zu sehen und mit mir die angefangene Entdeckungsreise durchs Meer fortzusetzen.

Rotkehlchen im Winter

Das junge Rotkehlchen hat diesen Herbst seine Eltern verlassen und muss nun auf eigenen Füßen stehen. »Piep, piep, meine Eltern haben mir gesagt, ich solle auf mich aufpassen. Es komme eine kalte Jahreszeit. Ich kann mir gar nicht vorstellen, was eine kalte Jahreszeit zu bedeuten hat. Mal schauen, was auf mich zukommt«, sagt das junge Rotkehlchen zu sich selbst. Bis dahin kennt es nur den Sommer und den Herbst. Dieser Herbst aber war so warm, dass es sich oft in der Sonne wärmen konnte.

Doch als das junge Rotkehlchen am anderen Morgen erwacht, ist alles anders. »Piep, piep, brrr, ist das kalt heute. So kalt war es bis jetzt noch nie und alles ist weiß. Komisch, es sieht aus, als wäre über Nacht die Welt verzaubert worden.« Als ein altes Rotkehlchen beim jungen vorbeikommt, will es von ihm wissen: »Piep, piep, kannst du mir sagen, warum es plötzlich so kalt und alles weiß ist?«

»Ja, selbstverständlich kann ich das. Es ist Winter. Im Winter ist es kalt und wenn es schneit, wird alles weiß.«

»Piep, piep, was heißt schneien?«, fragt das junge Rotkehlchen weiter.

»Wenn es kalt ist, fällt Schnee statt Regen vom Himmel. Denn durch die Kälte gefrieren die Regentropfen und werden zu Schneeflocken. Dann sagt man, dass es schneit. Als ich den ersten Winter erlebte, dachte ich, ich müsse erfrieren oder verhungern. Es war aber gar nicht so schlimm. Wenn es viel Schnee gibt, kann es schwieriger sein, etwas zu fressen zu finden als sonst. Dann musst du dich gut umschauen. Viele Leute hängen in dieser Jahreszeit ein kleines Häuschen mit Futter für uns Vögel in ihren Garten. Dort kannst du dich bedienen.«

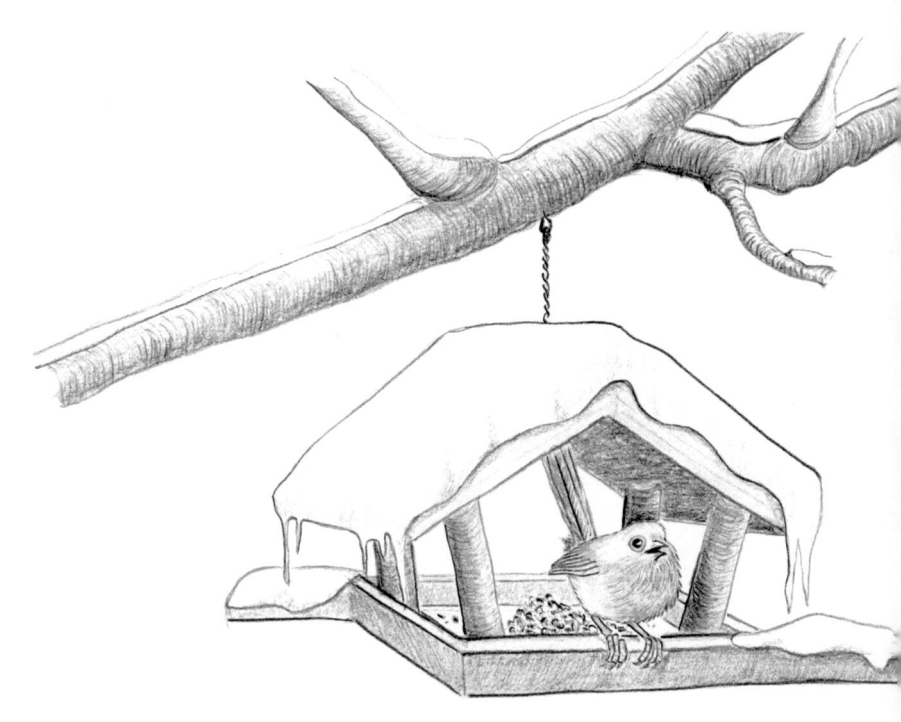

»Piep, piep, das sind aber nette Menschen«, antwortet das junge Rotkehlchen. »Und was muss ich tun, damit ich nicht friere?«, fragt es weiter.

»Ganz einfach, im Winter ist dein Federkleid dicker als sonst. Du hast mehr kleine feine Federchen unter deinen farbigen Federn. Sollte es mal sehr kalt sein, kannst du dich aufplustern, dich ganz dick und rund machen. Dann hast du zwischen den Federn Luft, die du mit deinem Körper auf- wärmen kannst. Die warme Luft unter den Federn ist wie ein dicker Mantel, der dich wärmt.«

»Piep, piep, das hört sich ziemlich kompliziert an.«

»Es ist aber ganz einfach. Du wirst sehen, wenn du frierst, plusterst du dich von selbst auf. Das ist so bei uns Vögeln«, sagt das ältere Rotkehlchen.

»Piep, piep, danke für alles«, sagt das junge Rotkehlchen. »Vielleicht treffen wir uns mal wieder und ich kann dir erzäh- len, wie es mir im Winter ergangen ist.«

»Das würde mich sehr freuen«, antwortet das alte Rotkehl- chen und fliegt davon.

Während der nächsten Tage schneit es ununterbrochen und eine dicke Schneedecke deckt alles zu. Das junge Rotkehlchen denkt: Zum Glück weiß ich nun, wie ich trotz der Kälte warm bleiben kann. Wenn ich mich aufplustere, sehe ich sogar noch viel größer und älter aus. Heute muss ich aber unbedingt ein Vogelhäuschen mit Futter finden, denn ich habe schrecklichen Hunger.

So fliegt das junge Rotkehlchen zu den Häusern am Stadt- rand, um dort Futter zu finden. Endlich hat es ein Vogelhäus- chen gefunden, doch leider ist es leer. »Ich bin bestimmt nicht der einzige Vogel, der Hunger hat. Vor mir waren anscheinend schon viele andere hier und haben alles leer gefressen«, sagt sich der junge Vogel und fliegt weiter. Tatsächlich, das nächste Vogelhaus, das er findet, ist fast voll. Schnell frisst das junge

Rotkehlchen von den feinen Kernen. Vor lauter Hunger frisst und frisst es, bis es fast platzt und für keinen einzigen Kern mehr Platz in seinem Vogelbauch ist. Dabei wird sein Bauch so schwer, dass es vor dem Weiterfliegen zuerst ein Nickerchen machen muss. Als es wieder erwacht, sieht es warm angezogene Kinder mit ihren Eltern aus dem Haus kommen. Der Vater bindet zwei Schlitten auf das Autodach, alle steigen ein und fahren los. Das junge Rotkehlchen will unbedingt wissen, wohin diese Familie fährt. Deshalb beschließt es, ihnen zu folgen. Als die Familie anhält und alle aussteigen, sucht sich der junge Vogel einen Baum, damit er von dort aus alles beobachten kann. Kurz darauf sitzen die Kinder auf ihren Schlitten und flitzen den Hang hinunter. Als sie wieder hochgekraxelt kommen, setzen sich die Eltern auch auf die Schlitten und sausen los.

»Piep, piep, das macht anscheinend Spaß«, sagt sich das junge Rotkehlchen, denn die Kinder rufen immer wieder: »Jupii, jupii!«

Als die Sonne untergeht und die Familie wieder nach Hause fährt, will das junge Rotkehlchen wissen, wie Schlittenfahren ist. Es fliegt zur Schlittenbahn. Da es dort keinen Vogelschlitten finden kann, legt es sich einfach auf seinen Bauch, streckt die Beine nach hinten und drückt die Flügel an den Körper. Nun kann es losgehen. Das Rotkehlchen zieht Kurven und flitzt, so schnell es irgendwie möglich ist, den Hang hinunter. »Piep, piep, jetzt verstehe ich die Kinder, weshalb sie immer wieder Jupii gerufen haben. Schlittenfahren ist bestimmt genauso toll, wie auf dem Bauch den Hang herunterzuflitzen«, ruft das junge Rotkehlchen voller Freude. Immer wieder fliegt es den Hang hinauf, um nochmals und nochmals hinunterzurutschen. Es entdeckt kleine Schanzen. Darüber zu flitzen, ist noch viel lustiger, als nur enge Kurven zu machen, denkt es sich. Damit es nach dem Schanzenspringen nicht hart landen muss, breitet es für kurze Zeit seine Flügel aus und landet so ganz sanft auf seinem Bauch. Das Rotkelchen schlittelt den Hang hinunter, bis es dunkel ist. Einzig der Mond wirft noch ein wenig Licht auf die Schneedecke. Aber schließlich geht es doch auf einem Baum schlafen, müde und glücklich.

Als das junge Rotkehlchen am anderen Morgen erwacht, muss es zuerst zum Vogelhäuschen fliegen, um seinen Bauch mit Körnern zu füllen. Gestern Abend war es nach dem Schlitteln zu müde, um noch etwas fressen zu können. Während des Tages versucht der junge Vogel, seinen Freund zu finden, denn es möchte ihm unbedingt von seinen Rutschpartien erzählen. Doch wo ist das alte Rotkehlchen? »Ich glaube, heute finde ich meinen alten Freund nicht mehr. Ich weiß wirklich nicht, wo ich ihn noch suchen soll«, sagt das junge Rotkehlchen zu sich selbst und geht nochmals zum Hang, wo es gestern gelernt hat, auf dem Bauch hinunterzuflitzen. Als es kurz vor Sonnenuntergang wieder beim tief verschneiten Hang ankommt, sieht es einen anderen Vogel den Hang hinunterrutschen. Und das ist tatsächlich das alte Rotkehlchen.

»Ich habe dich überall gesucht, weil ich dir von meinen Rutschpartien erzählen wollte. Und nun finde ich dich hier beim Herunterflitzen«, sagt das junge Rotkehlchen überrascht zu seinem Freund.

»Ich habe schon vor einiger Zeit herausgefunden, wie viel Spaß es macht, hier herunterzuflitzen. Es freut mich aber sehr für dich, dass du es auch schon herausgefunden hast. Wie kam das denn?«, fragt das alte Rotkehlchen nun.

»Ich habe Kindern und ihren Eltern beim Schlittenfahren zugeschaut und dachte, dass mir das auch gefallen könnte. Da ich keinen Schlitten für Vögel gefunden habe, bin ich einfach auf meinem Bauch den Hang hinuntergerutscht. Es hat mir so gut gefallen, dass ich nicht mehr damit aufhören konnte«, erklärt das junge Rotkehlchen.

Nun beschließen die beiden Freunde, zusammen die ganze

Nacht auf ihrem Bauch den Hang runterzurutschen. Am anderen Morgen sind sie so müde, dass sie zwei Tage und zwei Nächte schlafen müssen. Dabei träumen sie nur vom Schlittenfahren.

Der Haselstrauch im königlichen Winterkleid

Jeden Abend zur selben Zeit kommt beim alten Haselstrauch, der neben einem Bächlein steht, ein Schwalbenpärchen vorbei. Sie setzen sich auf seine Äste und erzählen ihm vom Tag. »Heute sind wir zum letzten Mal bei dir«, sagen sie an diesem Abend zum Haselstrauch.

»Warum denn? Gefällt es euch nicht mehr auf meinen Ästen?«, fragt der Haselstrauch überrascht.

»Doch, schon. Aber uns ist es hier im Winter zu kalt. Wir fliegen in den Süden, in die Wärme. Wenn der Winter hier vorbei ist, kommen wir wieder zurück und erzählen dir, was wir auf unserer Reise alles erlebt haben«, erklären die Schwalben ihrem Freund, dem Strauch.

Am anderen Morgen, die Sonne steht noch nicht am Himmel, macht sich das Schwalbenpaar mit vielen anderen Schwalben auf die lange Reise in den Süden.

Einige Wochen vergehen. Noch liegt auf keiner der Wiesen Schnee, aber es ist kalt und ruhig geworden um den Haselstrauch. Es ist, als stünde die Zeit still. Der Haselstrauch lauscht dem Wassergeplätscher. Das Wasser fließt gemächlich vor sich hin. Das ist wie Musik in seinen Ohren. Der Wind säuselt mal fein, dann wieder stark und es wird eisigkalt. »Da mich meine kräftigen Wurzeln im Boden verankern, kann ich im Winter, wenn es bei uns kalt ist, nicht in den Süden fliegen wie die Vögel«, sagt der Haselstrauch zu sich selbst. »Eigentlich bin ich auch ganz froh, hierbleiben zu können, denn ich liebe den Winter. Dann kann ich mein braun-grünes Kleid für einige Zeit tauschen und in einen weißen Umhang schlüpfen.«

Es ist dunkel geworden. Wenn der Mond nicht gerade von einer Wolke zugedeckt wird, leuchtet er wie eine Laterne.

Nebelschwaden steigen vom Bächlein empor. Sie hüllen alles in einen weißen Mantel, auch den Haselstrauch. Als am anderen Morgen der Tag erwacht, jubelt der Haselstrauch: »Juhui, es hat endlich geschneit! Meine Äste sind weiß und glitzern in der Morgenröte.«

Da antwortet eine feine, zarte Stimme: »Nein, es hat nicht geschneit. Mein Wasserdampf, der über Nacht aufgestiegen und sich um dich geschlungen hat, hat dich in einen weißen Umhang gekleidet.«

»Bächlein, bist du's?«, fragt der Haselstrauch zurück.

»Ja, ich bin's. Das geschieht immer dann, wenn die Luft kälter ist als mein Wasser. Und weil deine Äste vom Wind sehr kalt waren, ist mein Wasserdampf an ihnen festgefroren. Alle diese Wassertröpfchen sind nun weiß und sehen aus wie Schnee«, erklärt das Bächlein.

»So ist das. Und ich dachte, es hätte geschneit«, sagt der Haselstrauch.

Doch in der nächsten Nacht ändert sich alles. Am anderen Morgen fühlt sich der Haselstrauch richtig schwer. Deshalb sagt er zum Bächlein: »Bächlein, kannst du nicht schauen, dass dein Wasserdampf nicht jede Nacht an mir hängen bleibt? Meine Äste sind schwer geworden. Ich brauche viel Kraft, um sie zu halten. Ich habe Angst, sie könnten brechen.«

»Es tut mir leid, mein lieber Freund. Aber letzte Nacht war nicht ich es, der deine Äste schwer werden ließ. Es hat lange geschneit«, bedauert das Bächlein.

»Oh, Entschuldigung, ich dachte, es sei wieder dein Wasserdampf, der an mir festgefroren ist«, entschuldigt sich der Haselstrauch schnell.

Im Verlaufe des Tages blinzelt die Sonne für kurze Zeit zwischen den Wolken hindurch. Als das Bächlein zum Haselstrauch hinaufschaut, wird es von seinem glitzernden Kleid geblendet. Es sieht aus, als hätte der Haselstrauch einen

Königsmantel um sich gelegt. »Du siehst richtig bezaubernd aus, mein allerliebster Haselstrauch«, sagt da das Bächlein.

»Findest du?«, fragt der Haselstrauch unsicher.

»Sonst würde ich es dir nicht sagen. Dank der feinen Sonnenstrahlen glitzert dein weißes Kleid. Es sieht aus wie ein Königsmantel aus Glitzersteinen.«

»Oh, danke schön.« Jetzt ist der Haselstrauch mächtig stolz. Noch nie hat ihm jemand ein so schönes Kompliment gemacht.

Als die Tage wieder länger und wärmer werden, kommt das Schwalbenpaar aus dem Süden zurück. Sie haben viel von ihrer Reise zu berichten. Der Haselstrauch und das Bächlein hören gespannt zu. Als sie mit Erzählen fertig sind, erzählt das Bächlein vom wunderschön weiß glitzerndem Königskleid, das der Haselstrauch während des Winters getragen hat.

Die Schwalben sagen: »Wir möchten dich auch einmal in diesem Königsmantel sehen. Komm, ziehe ihn für uns nochmals an.«

»Tut mir leid«, bedauert der Haselstrauch. »Es ist nun zu warm für dieses Kleid. Es würde gleich wieder schmelzen. Erst im nächsten Winter, wenn es kalt ist, werde ich es wieder anziehen können.«

»Schade, dann werden wir erneut im Süden sein«, sagen die Schwalben und sind schon ein bisschen enttäuscht. Denn sie werden das glitzernde Winterkleid vom Haselstrauch wohl nie sehen können. Aber sie kennen es zumindest aus den Erzählungen ihrer Freunde.

Schneeflockentreffen

D ie Schneeflocken treffen sich im untersten Stock der grauen Wolke. Da fragt eine kleine Schneeflocke eine große: »Sag mal, wo bist du im letzten Winter auf der Erde gelandet?«

»Ich landete auf einem großen Berg, und du?«, antwortet die große Schneeflocke.

»Ich landete in einem Garten. Es war zwar Winter, aber trotzdem nicht kalt. So lebte ich gerade mal zwei Tage.«

»Wie meinst du das, du hast nur zwei Tage gelebt?«, fragt die große Schneeflocke.

»Weißt du, am zweiten Tag hat mich die Sonne mit ihren warmen Strahlen schmelzen lassen und als ich kein Eiskristall mehr war, sondern aus vielen kleinen Wassertröpfchen bestand, konnte ich auf einem Sonnenstrahl wieder in den Himmel und zu den Wolken emporsteigen.«

»Ah, jetzt verstehe ich«, sagt die große Schneeflocke.

»Doch weil ich nur so kurz gelebt habe, konnte ich während dieses Winters noch zwei weitere Male als Schneeflocke zur Erde tanzen«, sagt die kleine Schneeflocke.

»Das ist mir noch nie passiert«, sagt die große Schneeflocke erstaunt. »Ich komme jeden Winter nur einmal auf die Erde. Aber sag, wo bist du das zweite und dritte Mal gelandet?«

»Beim zweiten Mal hat mich der Wind auf den Kirchturm geblasen. Weil es sehr kalt war, hab ich während einer ganzen Woche die Stadt vom hohen Turm aus bestaunen können. Sehr gut gefallen hat es mir an den Abenden, wenn überall die Straßenlaternen leuchteten. Manchmal konnte ich in den Häusern sogar brennende Kerzen entdecken. Das war besonders schön.«

»Das hört sich aber wirklich spannend an. Und wo hat dich der Wind beim letzten Mal hingetrieben?«, will die große Schneeflocke nun noch wissen.

»Beim dritten Mal landete ich im Wald, wo ich blieb, bis die Frühlingssonne kam und ich dahinschmolz.«

»Was hast du dort sehen können?«, fragt die große Schneeflocke neugierig.

»Da ich auf dem Waldboden lag, konnte ich alles nur von unten beobachten. Viele Tiere sind über mich hinwegspaziert, Rehe, Füchse und Hasen. Nun weiß ich genau, wie sie von unten aussehen. Denn sie kamen fast täglich bei mir vorbei.«

»Haben sie nie auf dir gestanden?«, fragt die große Schneeflocke.

»Nein, ich hatte wirklich Glück«, antwortet die kleine Schneeflocke. »Komm, erzähl mir nun von deinem Schneeflockenleben. Wo hat dich der Wind hingetrieben?«

»Mein Leben ist nicht so abwechslungsreich wie deines«, sagt die große Schneeflocke.

»Komm, erzähl trotzdem«, sagt die kleine Schneeflocke ungeduldig.

»Ich habe dir ja bereits gesagt, dass ich im letzten Winter in den Bergen gelandet bin. Das war auch während der vergangenen Jahren so. Da es dort oben im Winter meistens sehr kalt und windig ist, bleibe ich den ganzen Winter dort. Vielleicht bläst mich der Wind mal einige Meter umher. Aber das war's dann schon. Im letzten Winter hatte ich mal ganz viele andere Schneeflocken um mich herum. Alle drückten und es war sehr eng. Als wir eines Tages zu schwer wurden und uns nicht mehr halten konnten, stürzten wir als Lawine den Berg hinunter ins Tal. Im Wald, oberhalb eines Dorfes, sind wir dann steckengeblieben und warteten auf die Frühlingssonne, die uns in Wasser verwandelte.«

»Hui, das hört sich ja richtig abenteuerlich an. Als Lawine den Hang hinuntersausen, das stelle ich mir ganz schön toll vor«, sagt da die kleine Schneeflocke strahlend.

»Uns Schneeflocken kann dabei nichts Schlimmes passieren. Aber wenn wir aus Versehen Tiere oder Menschen mitreißen, wird das für sie sehr gefährlich.«

»Ich möchte auch mal als Schneeflocke auf den Bergen landen«, sagt die kleine Schneeflocke. »Bist du einverstanden, wenn wir den Wind fragen, ob er dich im nächsten Winter mal in die Stadt und mich in die Berge bläst?«

»Du meinst, dass du mal den Winter in den Bergen und ich den in der Stadt erleben kann?«, fragt die große Schneeflocke zurück.

»Genau das meine ich«, antwortet die kleine Schnee-flocke.

»Das ist eine gute Idee«, sagt die große Schneeflocke.

Selbstverständlich ist der Wind mit dem Wunsch der großen und der kleinen Schneeflocke einverstanden. So landet im kommenden Winter die kleine Schneeflocke in den Bergen und die große in der Stadt. Beide kennen die neue Gegend nur aus den Erzählungen der anderen und beide erleben einen spannenden Winter. Als sie sich im Frühling als Regentropfen auf der Sonnenstrahl-Leiter Richtung Himmel treffen, erzäh-len sie sich ihre neusten Wintergeschichten. Sie beschließen, von nun an immer zu wechseln. Im einen Winter lässt sich die große Schneeflocke vom Wind in die Berge wehen und die kleine Schneeflocke in die Stadt. Im nächsten Jahr machen sie es genau umgekehrt. Und damit sie wissen, wie der Winter am anderen Ort gewesen ist, erzählen sie sich gegenseitig ihre Wintergeschichten.

Die vier Jahreszeiten

Übers Jahr

Ein junger Ahornbaum
weiß alles besser

In einem großen Garten steht ein sehr altes Holzhaus. Seine Balken biegen sich in alle Richtungen und der Wind bläst durch die Ritzen. Von der Straße führt ein Steinplattenweg direkt zur Haustür. Kleine Vögel hüpfen dort entlang, da sie zwischen den Ritzen Würmer und Käfer finden. »Versucht ja nicht, auf meiner Rinde Käfer aufzupicken. Das mag ich gar nicht«, schimpft da ein junger, knapp Haustür großer Ahornbaum, der im Garten vor dem alten Holzhaus steht.

Ein alter haushoher Ahornbaum steht auf der anderen Gartenseite. Er hat gehört, was der kleine Ahornbaum zu den Vögeln gesagt hat. Er kann nicht verstehen, weshalb der kleine Baum sich am Besuch der Vögel stört, schaut zum kleinen Baum hinüber und schüttelt dabei seine Baumkrone.

»Hör auf! Du wirbelst Staub umher. Davon werden meine Blätter schmutzig, die ich gerade heute Morgen geputzt habe«, schimpft nun der kleine Ahornbaum.

Der große Ahornbaum versucht, still zu stehen und bewegt sich nur noch mit dem Wind.

Die Nächte werden länger und kälter. Viele Vögel sind bereits unterwegs in den warmen Süden, wo sie den Winter verbringen werden. Die Schwalben sammeln sich ein letztes Mal, bevor auch sie sich auf ihre lange Reise machen. Viele von ihnen treffen sich beim kleinen Ahornbaum. Als die ersten drei Schwalbenfamilien mit ihren Jungen auf ihm Platz nehmen, um auf die restlichen Vögel zu warten, schüttelt sich der Baum plötzlich und schimpft dabei: »Ich will nicht dreckig werden von euch! Sucht euch einen anderen Baum!«

Und eine tiefe Stimme ruft: »Kommt zu mir, ihr Schwalben! Ich habe genügend Äste für euch alle. Ich heiße euch herzlich willkommen.«

Die Schwalben freuen sich über die freundliche Einladung und fliegen gemeinsam zum hohen Ahornbaum. Die jüngste Schwalbe unter ihnen setzt sich zuoberst auf die Baumkrone, weil sie den anderen Schwalben zupfeifen will, damit auch sie den Sammelplatz finden. Als der kleine Ahornbaum die vielen Schwalben auf dem großen Baum sitzen sieht, dreht er sich um und ruft: »Du bist selber schuld, wenn die vielen Vögel dich dreckig machen. Ich habe sie deshalb weggeschickt.«

Im Garten vor dem alten Holzhaus ist es ruhiger geworden. Viele rote, gelbe, orange und auch braune Herbstblätter schmücken den Boden. Nebst den anderen Bäumen und Sträuchern hat auch der große Ahornbaum viele seiner Blätter bereits fallen lassen. Er sieht aus, als hätte er sein Kleid verloren. Nur der kleine Ahornbaum hat noch alle Laubblätter. Sie sind sogar immer noch dunkelgrün. »Ha, ha, ha«, lacht der kleine Ahornbaum und zeigt mit seinen Ästen zum großen Baum hinüber.

»Was ist, warum lachst du mich aus?«, will der große Ahornbaum wissen.

»Schau dich doch mal im Spiegel an. Dann weißt du, warum ich lache. So wie du, möchte ich auf jeden Fall nicht aussehen«, sagt der kleine Ahornbaum spöttisch.

»Lachst du, weil ich fast keine Blätter mehr habe?«

»Ganz genau, du siehst wirklich komisch aus«, sagt der kleine Ahornbaum.

»Das muss so sein. Stell dir vor, ich würde im Winter alle Blätter behalten. Wenn es zu schneien anfängt, würden meine Blätter und Äste so schwer werden, dass ich sie nicht mehr halten könnte. Bestimmt würden sie dann unter der Last brechen.«

»Das glaube ich dir nicht. Ich werde meine Blätter auf jeden Fall behalten. Dann bin ich nämlich der erste Baum im Frühling, der grüne Blätter hat.«

»Das geht nicht. Der Schnee ist zu schwer. Du wirst sehen, deine Äste werden das Gewicht nicht tragen können«, sagt der große Ahornbaum besorgt.

Aber den kleinen Ahornbaum interessiert das nicht. Er ist sich sicher, dass er der Klügste und Beste ist. So steht er als einziger Baum während des ganzen Winters mit grünen Blättern an den Ästen im Garten. Alles rundherum ist mit Schnee bedeckt. Der Weg, der Rasen, das Haus, die Straße, einfach alles. Damit der kleine Ahornbaum seine grünen Blätter weiter zeigen kann, schüttelt er sich zwischendurch, damit der Schnee von ihnen fällt.

Es ist klirrend kalt. Die Tage und Nächte werden kälter und kälter. Schneereste kleben an den Blättern des kleinen Ahornbaumes. Es ist so kalt, dass er sich nicht mehr schütteln kann. Als es während des Tages zu schneien beginnt und die Blätter und Äste des Baumes immer schwerer und schwerer werden, versucht der kleine Ahornbaum sich mit letzter Kraft zu schütteln. Aber es geht nicht. Die Äste biegen sich zu allen Seiten. Da passiert es! Einige seiner Äste brechen unter der Schneelast. Der kleine Ahornbaum ist erschöpft.

Als im nächsten Frühling der Schnee schmilzt und die ersten Blumen blühen, zeigt auch der kleine Ahornbaum seine noch grünen Laubblätter. Der große Ahornbaum steht noch ganz kahl da und fragt den kleinen Baum neben sich: »Du wolltest der erste Baum mit grünen Blättern im Frühling sein. Das bist du auch. Aber was ist mit einigen deiner Äste geschehen?«

»Die sind wegen dem schweren Schnee abgebrochen. Ich hatte keine Kraft mehr, den Schnee abzuschütteln.«

»Ich habe es dir im letzten Hebst gesagt. Aber wenn du älter wirst und du jedes Jahr wieder neue Äste bekommst, sieht niemand mehr, dass du einige davon verloren hast«, sagt der große Ahornbaum tröstend.

»Hoffentlich hast du recht. Ich weiß nun, dass auch ich im nächsten Herbst meine Blätter fallen lassen werde. Denn wenn ich jeden Winter einige meiner Äste verliere, gefalle ich niemandem mehr. Alle würden an mir vorbeigehen und keiner würde sehen, dass im Garten des alten Holzhauses ein junger Ahornbaum steht. Wer weiß, vielleicht erkennen mich die Schwalben nicht einmal mehr, wenn sie in den nächsten Tagen aus dem warmen Süden zurückkommen.«

»Wenn du ihnen zurufst, dich bei ihnen entschuldigst und ihnen deine Äste zum Sitzen anbietest, kommen sie bestimmt wieder zu dir«, sagt der große Ahornbaum.

Und tatsächlich, als die Schwalben zurückkehren, bemerken sie den kleinen Ahornbaum zuerst nicht. Erst als er ihnen zuruft, um sich zu entschuldigen, erkennen sie ihn wieder. Von nun an kommen die Schwalben fast jeden Tag im Garten bei den Ahornbäumen vorbei. Und als es wieder Herbst wird und sie sich vor ihrer Abreise in den Süden sammeln, setzen sich einige auf den großen und einige auf den kleinen Ahornbaum. Als es dann sehr kalt wird und die anderen Bäume und Sträucher ihre Blätter verlieren, lässt auch der kleine Ahornbaum seine Blätter fallen. Schließlich will er diesen Winter keine Äste verlieren.

Die Regenbogenforelle
und der Frosch

D u hast es gut!«, ruft die Regenbogenforelle dem Frosch zu, als er an ihr vorbeischwimmt.

Der Frosch dreht sich um, paddelt zur Regenbogenforelle und fragt: »Wie meinst du das?«

Die Regenbogenforelle antwortet: »Wir Fische müssen immer im Wasser bleiben, denn an Land können wir nicht leben. Ihr Frösche könnt an beiden Orten sein. Das ist doch viel spannender.«

»Liebe Regenbogenforelle, spannender mag das vielleicht sein. Aber an Land müssen wir schauen, dass uns die Sonne zwischen Frühling und Herbst nicht austrocknet. Bereits nach kurzer Zeit müssen wir wieder ins Wasser zurückkehren. Zu lange im Wasser bleiben können wir auch nicht, sonst ertrinken wir. Und im Winter müssen wir uns sogar wegen der Kälte verkriechen, sonst könnten wir gar nicht überleben.«

»Daran habe ich nicht gedacht«, sagt die Regenbogenforelle.

»Siehst du, alles hat seine Vor- und Nachteile«, sagt der Frosch.

»Da hast du recht. Wir denken eben immer, die anderen haben es besser als wir selbst. Deshalb wollen wir auch stets, was die anderen haben.«

»Heute Nacht ist Vollmond«, sagt da der Frosch zur Regenbogenforelle. »Ich werde an die Wasseroberfläche gehen, mich auf ein Seerosenblatt setzen und schauen, was während der Nacht so los ist. Wenn du einverstanden bist, komme ich morgen bei Sonnenaufgang bei dir vorbei und erzähle, was ich während der Nacht alles gesehen habe.«

»Das ist eine gute Idee«, sagt die Regenbogenforelle. »Ich freue mich jetzt schon auf deine spannenden Erzählungen.«

Sie verabschieden sich. Kurz vor Sonnenuntergang macht sich der Frosch auf den Weg zur Wasseroberfläche und sucht sich das größte Seerosenblatt. Im Licht der letzten Sonnenstrahlen kann er die wunderschön blühenden Seerosen rund um sich bewundern und bestaunen. Als es Nacht wird, will es gar nicht richtig dunkel werden. Der Vollmond scheint so hell, als würden viele Lichter brennen. Deshalb kann der Frosch jedes Tier, das sich während der Nacht zum Weiher traut, gut erkennen. »Ich wusste ja schon, dass es viele Tiere gibt, die während der Nacht wach sind. Dass gerade heute so viele vorbeikommen, hätte ich mir aber nie träumen lassen«, sagt der Frosch erstaunt zu sich selbst. »Hoffentlich kann ich mir alle merken, damit ich der Regenbogenforelle morgen von ihnen erzählen kann.«

Als er nach Sonnenaufgang bei der Regenbogenforelle ankommt, fragt diese ganz ungeduldig: »Was hast du gesehen? Sind Tiere bei dir vorbeigekommen? Komm, erzähl.«

»Du kannst dir gar nicht vorstellen, wie viele ich gesehen habe. Manche Tiere kamen, bevor es ganz dunkel wurde, andere während der Nacht und wieder andere gegen Morgen, kurz vor Sonnenaufgang.«

»Mach es nicht so spannend, ich möchte so gern wissen, welche Tiere du gesehen hast«, sagt die Regenbogenforelle noch ungeduldiger als vorher.

»Mit Vogelgezwitscher wurde ich gestern Abend auf der Wasseroberfläche willkommen geheißen. Dazu bestaunte ich im Licht der untergehenden Sonne die wunderschönen Seerosen. Als es dunkler wurde, raschelte eine Igelfamilie im Gebüsch, zwei Feldhasen hoppelten über die Wiese neben dem See, mehrere Füchse, Rehe, Fledermäuse und hunderte von Mücken habe ich ebenfalls gesehen. Von den Mücken habe ich mir einige als Nachtmahlzeit gegönnt. Waldkäuze haben sich während der Dunkelheit auch bemerkbar gemacht. Dann muss ich mal eingeschlafen sein. Denn kurz bevor ich mich heute früh auf den Weg zu dir gemacht habe, weckten mich die Vögel mit wunderschönem Gezwitscher.«

Die Regenbogenforelle lässt traurig den Kopf hängen und sagt: »Siehst du, für euch Frösche ist das Leben wirklich abwechslungsreich. Ihr könnt auch Tiere bestaunen, die an Land wohnen.«

»Das mag schon sein. Aber gesprochen habe ich mit keinem einzigen von ihnen«, antwortet der Frosch. »Heute Nachmittag gehe ich nochmals an die Wasseroberfläche und suche mir ein Schattenplätzchen. Ich möchte mal schauen, wie es am Tage an der Wasseroberfläche ist. Kommst du mit?«

»Du weißt doch genau, dass ich an Land nicht atmen kann«, antwortet die Regenbogenforelle verärgert.

»Ja, das weiß ich. Aber du kannst doch kurze Luftsprünge aus dem Wasser machen. Dabei kannst du bestimmt die Gegend ein wenig anschauen. Vielleicht entdeckst du ja auch ein Tier.«

»Gut, du hast mich überredet. Ich komme mit«, antwortet die Forelle.

Und so machen sie sich am Nachmittag gemeinsam auf den Weg zur Wasseroberfläche. Der Frosch sucht sich ein großes Seerosenblatt, diesmal eines im Schatten. Bei jedem Sprung der Regenbogenforelle wird der Frosch mit Wasser bespritzt. Diese Abkühlung kommt ihm sehr gelegen, denn die Sonne scheint ziemlich warm.

»Juhui, juhui, ist das schön. Diese Luftsprünge machen so richtig Spaß und ich weiß endlich, wie es hier oben aussieht«, ruft die Regenbogenforelle glücklich ihrem Freund zu. Der Frosch freut sich mit ihr.

Als sie sich am Abend auf dem Seegrund beim großen Stein treffen, sagt der Frosch zur Regenbogenforelle: »Von nun an kannst du jeden Tag Luftsprünge machen, dann weißt du immer, wie es oben aussieht.«

»Das ist eine gute Idee. Ich weiß eigentlich gar nicht, weshalb ich nicht schon früher darauf gekommen bin, das zu machen. Von nun an schwimme ich wirklich jeden Tag an die Oberfläche.«

»Übrigens, weißt du eigentlich, wie es im Winter auf der Erde aussieht«, fragt nun der Frosch.

»Nein, wie soll ich das wissen? Ich war ja bis heute noch nie oben. Aber du doch schon, oder?«, fragt die Regenbogenforelle zurück.

»Nein, den Winter kenne ich nicht. Ich habe dir ja schon gesagt, dass es für uns Frösche im Winter viel zu kalt ist. Dann vergraben wir uns im Schlamm und überwintern in der Winterstarre. Erst im Frühling, wenn die Sonne die Erde wieder aufwärmt, erwachen wir wieder.«

»Deshalb habe ich im Winter noch nie Besuch von einem Frosch gehabt«, sagt die Regenbogenforelle. Und dann machen sie ab, dass sie sich im nächsten Frühling wieder beim großen Stein treffen. Dann will die Regenbogenforelle ihrem Freund, dem Frosch, von ihren winterlichen Luftsprüngen erzählen und ihm berichten, wie der Winter aussieht.

Während des ganzen Winters taucht der Frosch nicht bei der Regenbogenforelle auf. Er hat sich im Schlamm eingegraben und verharrt dort in der Winterstarre. Die Regenbogenforelle aber macht jeden Tag mehrere Luftsprünge. »Die Welt sieht verzaubert aus. Nichts ist grün oder braun. Alles ist weiß«, ruft sie vergnügt. Nach zwei Wochen beschließt sie, für einige Tage eine Luftsprung-Pause einzulegen. Doch in der dritten Woche will sie wieder mal springen. »Da ich fast vergessen habe, wie es auf der Erde aussieht, mache ich heute mal einen Riesensprung. Dann habe ich während des Fliegens genügend Zeit, mich umzuschauen«, sagt sie sich. Sie bereitet sich bestens für diesen Luftsprung vor, schwimmt mit Schwung in Richtung Wasseroberfläche und da passiert es: Sie prallt gegen etwas Hartes. »Oh, das tat aber weh«, jammert die Regenbogenforelle. Sie versucht es ein weiteres Mal, aber diesmal mit weniger Schwung. Und wieder prallt sie gegen etwas Hartes. Ihr ist ein bisschen schwindlig vom Aufprall. Deshalb beschließt sie, erst morgen einen neuen Sprung zu versuchen, und schwimmt mit brummendem Kopf zurück zum Grund des Sees.

Als sie am nächsten Morgen erneut aus dem Wasser springen will, kommt sie zwar aus dem Wasser, bleibt aber auf etwas Hartem und Kaltem liegen. Nur mit Mühe findet sie ein Loch, durch das sie wieder ins Wasser schlüpfen kann. Von dem Tag an muss sie vor dem Springen jeweils genau schauen, wo sie aus dem Wasser springt und wo es nicht möglich ist. Eines Tages erzählt sie einem alten Hecht von dieser harten Wasseroberfläche und der sagt: »Wenn der Winter sehr kalt ist, verwandelt sich die Wasseroberfläche in eine Eisschicht. Manchmal hat sie am Rand des Sees einige Löcher. Die Eisschicht ist steinhart und schmilzt erst, wenn die Sonne wieder scheint und es wärmer wird.«

Als die Tage langsam wärmer werden, schmilzt die Eisschicht tatsächlich wieder. Und nach einigen Wochen, als die Regenbogenforelle von ihren täglichen Luftsprüngen zurückkehrt, wartet der Frosch auf dem großen Stein am Grund des Sees auf sie. Freudig begrüßen sie sich. Die Regenbogenforelle hat viel vom Winter und ihren Sprüngen zu erzählen. Als sie von der Eisdecke erzählt, sagt der Frosch: »Zum Glück überwintere ich in der Winterstarre. Das ist zwar langweilig, da ich nichts erleben und entdecken kann, doch wenigsten pralle ich nicht mit dem Kopf gegen eine Eisdecke, wenn ich Luft holen will.«

Von nun an verbringen sie viel Zeit miteinander. Nur im Winter ist die Regenbogenforelle alleine, weil der Frosch ja in der Winterstarre überwintert.

Kleiner Braunbär und Igel Spitzstachel

Es ist Herbst. Der kleine Braunbär spaziert durch den Wald und ist auf Nahrungssuche. Plötzlich stößt er mit seiner Schnauze gegen etwas Spitzes. »Aua, du bist aber stachelig«, sagt der kleine Braunbär.

»Ja, das sind meine Waffen«, antwortet das Tier, gegen das er gestoßen ist. »Ich mag es nicht, wenn ich von einer Bärenschnauze beschnuppert werde. Und zum Fressen bin ich auch nicht gedacht«, sagt das unbekannte Tier.

»Sag mal, wie heißt du eigentlich?«, fragt nun der kleine Braunbär.

»Meine Freunde sagen wegen meiner besonders spitzen Stacheln Igel Spitzstachel zu mir«, antwortet das Tier.

»Der Name passt gut zu dir. Ich wusste gar nicht, dass Stacheln so spitz sein können.«

»Da siehst du. Komme nie einem Igel zu nahe, denn unsere Stacheln tun allen weh. Und du? Du bist zwar ein großer Bär, aber trotzdem zu klein, um alleine unterwegs zu sein. Wo ist denn deine Mami?«, fragt nun der Igel Spitzstachel.

»Meine Mami wurde im Sommer, als es sehr heiß war, krank. Leider hat sie sich nicht mehr erholt und ist gestorben. Sie hat mir nur gesagt, dass ich, wenn die Blätter von den Bäumen fallen, viel fressen muss. Danach würde es kalt und ich müsse viel schlafen und hätte dann keine Möglichkeit mehr, meinen Bauch zu füllen.«

»Da hat deine Mami recht. Auch wir Igel schlafen in der kalten Jahreszeit. Meistens liegt überall Schnee und für uns Tiere ist das Leben dann sehr mühsam. Wir würden im Schnee nur einsinken und Nahrung finden wir auch fast keine.«

»Ich möchte aber unbedingt mal den Winter erleben. Ich werde auf jeden Fall wach bleiben und sei es noch so kalt«, sagt der kleine Braunbär.

»Ich glaube nicht, dass du das schaffst. Denn wenn es kälter wird und du nicht mehr so viel zum Fressen findest, wirst du automatisch müde und legst dich gerne in eine warme Höhle«, erklärt der Igel Spitzstachel dem kleinen Braunbären.

»Ich will aber wach bleiben und im Schnee spazieren gehen und herumtollen. Machst du auch mit?«, fragt der kleine Braunbär jetzt seinen neuen Freund.

»Das geht nicht. Ich habe dir ja schon gesagt, dass ich im Winter schlafe. Ich habe nur von Freunden gehört, wie der Winter ist und dass oft ein kalter Wind bläst.«

»Ich werde wach bleiben, das ist sicher. Sag mir, wo ich deine Winterhöhle finde und ich werde dich an einem schönen Wintertag wecken«, sagt der kleine Braunbär.

»Ich glaube einfach nicht, dass das möglich ist«, wiederholt der Igel und schüttelt dabei seinen Kopf.

»Lass es uns doch versuchen«, drängelt der kleine Braunbär weiter.

»Also gut«, lenkt der Igel Spitzstachel nun doch ein. »Wenn du meinst. Komm, ich zeige dir meine Winterhöhle. Anschließend muss ich aber auf Nahrungssuche, mein Bauch knurrt jämmerlich vor Hunger.«

Gemeinsam gehen sie zur Igelhöhle. Der kleine Braunbär kann gerade mal seine Schnauze hineinstecken, so klein ist sie. Der Igel braucht keinen größeren Platz zum Überwintern. »Wenn du mich im Winter wecken willst, kannst du deine Nase einfach in meine kleine Höhle stecken und mehrmals ausatmen. Durch deinen warmen Atem werde ich vielleicht wach«, schlägt Igel Spitzstachel vor.

»Gut, abgemacht. Wir wollen es versuchen. Ich freue mich jetzt schon darauf«, sagt der kleine Braunbär.

»Nun brauche ich aber wirklich etwas zwischen die Zähne, sonst verhungere ich noch«, sagt Igel Spitzstachel.

»Spitzstachel, weißt du vielleicht, was Bären außer Beeren sonst noch fressen? In dieser Jahreszeit ist es schwierig, etwas Feines zu finden. Meine Mami hat es mir leider nicht mehr sagen können«, fragt nun der kleine Braunbär.

»Ja, stell dir vor. Ich habe schon einige große Bären Fische fangen sehen. Die haben sie dann gefressen. Versuch es doch auch mal damit.«

»Hört sich eigentlich ganz gut an. Auf die Idee hätte ich auch selbst kommen können. Und was steht heute auf deinem Speisezettel?«, fragt der kleine Braunbär weiter.

»Ich habe Lust auf Käfer und Regenwürmer«, antwortet Igel Spitzstachel.

»Dann viel Glück beim Käferfang. Wir sehen uns an einem schönen Wintertag wieder«, verabschiedet sich der kleine Braunbär von seinem Freund.

»Und ich wünsche dir viel Glück beim Fischfang. Ich werde während des Winterschlafes von dir träumen und bin schon sehr gespannt, ob du wirklich wach bleiben wirst«, sagt Spitzstachel zum kleinen Braunbär. Dann gehen beide schnellstens auf Nahrungssuche.

Während der nächsten Tage und Wochen treffen sie sich nicht mehr. Der kleine Braunbär ist damit beschäftigt, Fische zu fangen. Er muss schauen, dass sie ihm nicht immer wieder davonschwimmen. Und Igel Spitzstachel rennt hinter den Käfern her. Zwischendurch schnappt er sich auch mal einen Regenwurm. Als es immer kälter wird und schon ein wenig Schnee auf dem Boden liegt, verkriecht sich Igel Spitzstachel in seine kleine Höhle und macht sich bereit für den Winterschlaf. Bevor er einschläft, denkt er an seinen Freund, den kleinen Braunbären. »Ich bin gespannt, ob mein Freund mich im Winter wecken wird«, sagt er zu sich selbst und schläft langsam ein.

Der kleine Braunbär wird ebenfalls müde. »Soll ich mich wirklich in eine warme Höhle verkriechen und schlafen?«, fragt er sich. »In die warme Höhle krieche ich, aber schlafen werde ich nicht«, sagt er sich dann bestimmt. Schon nach kurzer Zeit fängt er zu gähnen an und bevor er noch einmal an seinen Igelfreund denken kann, schnarcht er.

Draußen weht ein kalter, starker Wind und auf dem Boden liegt eine dicke Schneedecke. Sie wird mit jeder Woche dicker und dicker. Der kleine Braunbär schläft tief und fest. Trotzdem rümpft er plötzlich seine Nase. Irgendetwas sticht ihn. »Hey, du kleiner Braunbär, wach schon auf«, sagt eine Stimme zum schnarchenden Braunbären.

»Was sticht mich denn da?«, murmelt der kleine Braunbär und öffnet zuerst das eine, dann das andere Auge.

»Kennst du mich nicht mehr? Ich bin's, Igel Spitzstachel. Wir hatten doch abgemacht, dass du mich wecken kommst und wir gemeinsam den Winter erleben können.«

»Stimmt, das haben wir. Ich wollte unbedingt wach bleiben, aber dann bin ich wohl doch eingeschlafen«, sagt der kleine Braunbär mit müder, brummiger Stimme. »Aber eigentlich sollte ich dich wecken und nicht du mich. Warum bist du überhaupt schon wach?«, will er nun vom Igel wissen.

»Ich habe herausgefunden, dass meine Höhle direkt neben deiner ist. Du hast so laut geschnarcht, dass meine Höhlenwände gezittert haben und ich aufgewacht bin. So laut schnarchen kann nur ein Bär, dachte ich mir und suchte deinen Höhleneingang. Nun bin ich hier und möchte gerne mit dir in den tiefen Schnee. Kommst du mit?«, fragt Igel Spitzstachel.

»Bin schon unterwegs. Komm, setz dich auf meinen Rücken, Spitzstachel. Ich komme mit meinen Beinen besser durch den Schnee als du.«

Gemeinsam stapfen sie während der nächsten Tage durch den Schnee und haben viel Spaß miteinander. Einmal kugelt sich Igel Spitzstachel ein und der kleine Braunbär rollt ihn durch den Schnee. Außer einigen spitzen Stacheln ist nichts mehr vom Igel zu sehen. Er ist zu einem stachligen Schneeball geworden. Sie freuen sich sehr, gemeinsam im Schnee zu spielen. Als der kleine Braunbär genug hat, macht er seinem Freund einen Vorschlag: »Ich bin müde und möchte wieder in die warme Winterhöhle zurück. Kommst du mit mir? In meiner Höhle ist Platz für uns beide.«

»Gerne«, antwortet Spitzstachel. Und so machen sie sich auf zur Höhle. Dort angekommen, kuscheln sie sich eng aneinander, um sich gegenseitig Wärme zu spenden. Igel Spitzstachel darf sich von nun an nicht mehr bewegen, damit seine spitzen Stacheln seinen Freund nicht stechen. Gemeinsam fallen sie wieder in einen tiefen Winterschlaf und erwachen erst, als der Schnee fort ist und die ersten Blumen den Frühling ankünden.

Der junge Apfelbaum und die Früchte

Er ist ein Apfelbaum und der jüngste Baum im Garten. Neben ihm stehen Kirsch-, Zwetschgen-, Birnen- und große Apfelbäume. »Bin ich froh, dass die weiße Decke auf dem Boden verschwunden ist. Wegen der sind meine Wurzelfüße ganz schön kalt geworden«, beklagt sich der junge Apfelbaum.

»Du hast recht«, murmelt eine tiefe Stimme. »Wir großen Bäume haben auch lieber Sonnenschein.«

»Wer spricht da mit mir?«, fragt der kleine Apfelbaum erstaunt.

»Ich bin's, der alte Zwetschgenbaum.«

Gleich hinter sich entdeckt der junge Apfelbaum einen Baum mit knorrigen Ästen. Wind und Regen haben den Baum in vielen Jahren geschüttelt und gezeichnet.

»Der Winter ist bald vorbei. Es ist jetzt zu warm, als dass es noch schneien könnte. Du kannst dich also auf den Frühling freuen«, sagt der alte Zwetschgenbaum.

»Frühling, was ist das?«, fragt der junge Apfelbaum. »Frühling wird es, wenn der Schnee schmilzt, die Sonne länger und wärmer scheint und die ersten Blumen blühen.«

»Das hört sich aber spannend an. Was blüht denn zuerst?«, will der junge Apfelbaum neugierig wissen.

»Zuerst blühen die Schneeglöckchen, Krokusse, Osterglocken und noch einige andere schöne Frühlingsblumen. Wenn die Tage warm genug sind, blühen auch die Kirschbäume«, erzählt der alte Zwetschgenbaum.

»Die Kirschbäume sind doch gar keine Blumen. Das sind doch Bäume und die blühen doch nicht«, sagt der junge Apfelbaum erstaunt.

»Stimmt, das sind Bäume und keine Blumen. Sie blühen aber trotzdem. Aus ihren Blüten werden später feine Kirschen.«

»Haben die anderen Bäume denn auch Blüten, obwohl sie Bäume und keine Blumen sind?«, fragt der junge Apfelbaum erstaunt.

»Ja, anschließend blüht ihr Apfelbäume und dann blühen die Birnenbäume. Die Letzten sind wir Zwetschgenbäume.«

»Mal schauen, ob das wirklich alles so stimmt, was du mir erzählst, lieber alter Zwetschgenbaum«, sagt der junge Apfelbaum zweifelnd.

»Lass dich überraschen«, antwortet der ältere Baum lächelnd.

Die Tage werden wärmer und länger. Die Sonne wärmt den ganzen Garten und kitzelt mit ihren Strahlen die Blumenspitzen, als wolle sie sagen: »Zeit zum Aufstehen. Der Winter ist vorbei.« Und tatsächlich, der alte Zwetschgenbaum behält recht: Schneeglöckchen und Krokusse verzieren den Garten. Jeden Tag werden es mehr. Auch Osterglocken, Hyazinthen und Tulpen strecken ihre Blütenköpfe aus dem Boden.

»Das ist das erste Mal in meinem Leben, dass ich so viele, schöne Blumen sehe«, sagt der junge Apfelbaum staunend.

Als der alte Zwetschgenbaum das hört, sagt er: »Lieber junger Apfelbaum, im letzten Jahr warst du noch viel zu klein dazu. Nun dauert es auch nicht mehr lange und die ersten Kirschbäume werden ihre Blüten bekommen.«

»Darauf freue ich mich sehr«, sagt der junge Apfelbaum aufgeregt.

»Und eines Morgens bekommst du dann eigene Blüten«, sagt der alte Zwetschgenbaum.

»Oh, meinst du wirklich, ich bin schon groß genug dafür?«, fragt der junge Apfelbaum mit aufgeregter Stimme.

»Lass dich überraschen«, sagt der alte Zwetschgenbaum erneut und schmunzelt ein wenig.

Während der nächsten Tage und Nächte ist der kleine Apfelbaum zapplig, wackelt mit seinen Ästen und stampft mit seinen Wurzelfüßen umher. Eines Morgens entdeckt er viele kleine weiße Blütchen an den Kirschbäumen. Oh, sehen die wunderschön aus, denkt sich der junge Apfelbaum und fragt sich im Stillen: Ob ich diesen Frühling wirklich auch schon Blüten bekommen werde? Eigentlich bin ich doch noch viel zu jung, oder? Jeden Morgen freut er sich erneut an den vielen schönen Blüten um ihn herum. Und dann entdeckt er eines Morgens auch an seinen Ästen kleine Blüten. »Juhui, juhui«, ruft der junge Apfelbaum voller Freude. »Ich blühe! Schaut alle her. Ich habe fünf Blüten an mir«, ruft er, so laut er kann.

Alle Blumen und alle Bäume im Garten freuen sich mit ihm.

»Siehst du, ich hatte recht. Du trägst wunderschöne Blüten«, sagt der alte Zwetschgenbaum.

»Ich muss mich gut um sie kümmern, damit ich sie lange bestaunen kann«, sagt der junge Apfelbaum.

»Auch wenn es fünf sind, wirst du im Herbst vielleicht trotzdem nur einen reifen Apfel tragen«, sagt der alte Zwetschgenbaum. Der junge Apfelbaum schaut ihn fragend an. »Es entsteht nicht unbedingt aus jeder Blüte ein Apfel. Manche fallen früher ab«, erklärt der Zwetschgenbaum.

»Das ist nicht schlimm. Ich freue mich einfach über diese Blüten und danach über jeden einzelnen Apfel, der an meinen Ästen groß wird.«

Jeden Morgen bestaunt der junge Apfelbaum seine Blüten und bemerkt gar nicht, dass in der Zwischenzeit alle anderen Bäume im Garten ebenfalls blühen. Erst als sein Freund, der alte Zwetschgenbaum, ihn fragt, ob er die schönen Blüten der anderen Bäume gesehen habe, bewundert er sie.

Nach Tagen und Wochen werden aus den Blüten am Apfelbaum langsam Früchte. Drei kleine Äpfel wachsen an seinen

Ästen. Von Tag zu Tag werden sie größer, schwerer und dicker. Und der junge Apfelbaum denkt bei sich: Zum Glück wurden nicht aus allen Blüten Äpfel. Meine dünnen Äste hätten sie gar nicht tragen können. Und als er an den anderen Bäumen die Früchte zählen will, merkt er, dass nicht alle Früchte gleich aussehen. Er überlegt nicht lange und ruft seinem Freund zu: »Alter Zwetschgenbaum, kannst du mir sagen, weshalb nicht alle Früchte an den Bäumen gleich aussehen?«

»Ja, das kann ich. So verschieden die Bäume hier im Garten sind, so verschieden sind auch ihre Früchte. Schau, dieser Baum dort hinten ist ein Kirschbaum. Deshalb wachsen an ihm Kirschen. Neben ihm steht ein großer Apfelbaum.«

»Bekommt der Äpfel wie ich?«, fragt der junge Apfelbaum.

»Genau. Auf der anderen Seite haben wir einige Birnenbäume mit feinen Birnen und ich alter Zwetschgenbaum bekomme Zwetschgen«, erklärt er.

»Ah, jetzt verstehe ich. Alle unsere Früchte sind verschieden groß, haben andere Farben und Formen«, bemerkt der junge Apfelbaum.

»So ist es. Und die Kirschen und die Zwetschgen sind bereits im Sommer reif, wenn es richtig heiß ist. Deine Äpfel und die Birnen brauchen etwas länger. Bei euch Apfelbäumen wird es Herbst. Das ist die Jahreszeit, in der sich die Blätter der Bäume verfärben und zu Boden fallen.«

»Ich dachte, dass alle Früchte immer gleichzeitig reif sind«, antwortet der junge Apfelbaum erstaunt.

»Nein, das ist nicht so. Es ist auch viel besser, wenn die Früchte zu unterschiedlichen Jahreszeiten reifen und von den Bäumen gepflückt werden können. So haben die Menschen über längere Zeit frisches Obst. Sonst müssten sie ja alle Früchte gleichzeitig essen.«

Von diesem Tag an beobachtet der junge Apfelbaum die Früchte genauestens. Er bemerkt, wie sie immer größer und reifer werden. An einem sehr heißen Sommertag, kein Wölkchen ist am Himmel zu entdecken, werden die ersten Kirschen gepflückt. Wenige Wochen später sind die Zwetschgen ebenfalls reif. Einige von ihnen fallen auf den Boden, so dass auch die Ameisen, Schnecken und Wespen ihre Bäuche füllen können.

Schließlich verfärben die ersten Bäume langsam ihre Blätter. Als der junge Apfelbaum das sieht, sagt er: »Lieber alter Zwetschgenbaum, der Sommer scheint bald vorbei zu sein, deine Früchte und die der Kirschbäume sind ja bereits reif und gepflückt und ihr habt nur noch Blätter an euren Ästen. Ich habe gesehen, dass sich nun schon die Blätter einiger Bäume verfärben. Du hast mir mal erklärt, dies sei der Herbst und dass die Äpfel und Birnen in dieser Jahreszeit reif werden.«

»Das stimmt. Bald werden die ersten Birnen und auch deine Äpfel reif genug zum Pflücken sein.«

»Darauf freue ich mich«, antwortet der junge Apfelbaum voller Stolz. Als es schließlich soweit ist und die Menschen seine drei Äpfel vom Baum pflücken wollen, wird der junge Apfelbaum dann aber doch ein wenig traurig. Und er denkt: Meine Äpfel gebe ich nicht gerne her. Die möchte ich lieber für mich behalten. Doch als er die Menschen zueinander sagen hört, wie schön und groß vor allem seine Äpfel seien, verfliegt die Traurigkeit des jungen Apfelbaumes und er wird sogar ein wenig stolz. Erst als die Äpfel gepflückt sind, merkt er, wie schwer sie eigentlich waren. »Zum Glück haben die Menschen meine Äpfel gepflückt. Wenn sie noch größer und schwerer geworden wären, hätten meine Äste sie nicht mehr länger tragen können und wären vermutlich abgebrochen«, tröstet sich der junge Apfelbaum.

Einige Wochen später, der junge Apfelbaum hat wie alle anderen Bäume seine Blätter verloren, wird es kalt, bitter kalt. Der erste Schnee legt sich über den Garten, auf die Bäume, überall hin. Der junge Apfelbaum ruht sich aus, um neue Kraft fürs kommende Jahr zu sammeln. »Ich freue mich heute schon auf den nächsten Frühling mit den Blüten, den heißen Sommer und den Herbst, wenn auch meine Äpfel wieder reif sein werden. Mal schauen, wie viele Äpfel ich im nächsten Jahr tragen werde.«

Die große rote Blume

Endlich wieder Frühling, denkt sich die große rote Frühlingsblume. »Der Winter war wieder einmal viel zu lang und zu kalt. Und ich mag es gar nicht, so lange auf die Jahreszeit warten zu müssen, in der ich wieder blühen werde. Aber dieses Jahr wird alles anders«, murmelt die große rote Blume. »Egal, was die anderen Blumen hier im Garten machen, ich verliere auf jeden Fall meine Blütenblätter nicht. Ich will eine alte Blume werden. Ein ganzes Jahr will ich blühen.« Obwohl die große rote Blume nicht weiß, wie heiß es im Sommer werden kann oder wie stark sie im Winter frieren wird, lässt sie ihre Blütenblätter nicht verwelken. Sie ist fest entschlossen, ein ganzes Jahr lang so im Garten stehen zu bleiben.

Als es Sommer wird, kommen Spaziergänger am Garten vorbei. »Sieh nur, obwohl es bereits Sommer ist, blüht diese rote Frühlingsblume immer noch«, sagen sie. Und die große rote Frühlingsblume freut sich, bestaunt zu werden.

Doch die Tage werden immer heißer und heißer und die Erde wird immer trockener und trockener. »Woher soll ich bloß das Wasser nehmen, wenn die Sonne die Erde so austrocknet?«, schimpft die große rote Blume. »Im Frühling ist das viel einfacher. Da gibt es genügend Feuchtigkeit in der Erde«, murmelt sie zornig.

Aber auch während der nächsten Tage scheint die Sonne ununterbrochen und keine einzige Regenwolke deckt sie auch nur für eine Stunde zu. Und weil überhaupt kein Regen fällt, beschließt die große rote Blume, ihre Blätter am Stiel austrocknen zu lassen, damit sie für ihre Blüte genügend Wasser hat. »Dann kann ich wenigstens mit meinen schönen Blütenblättern strahlen und werde weiter von allen bewundert«, sagt sie sich.

Doch als erneut Spaziergänger vorbeikommen, sagen sie: »Diese Frühlingsblume passt gar nicht in diese Jahreszeit. Schließlich haben wir bereits Sommer. Und mit ihren dürren Blättern am Stiel sieht sie auch ziemlich komisch aus.«

Als die große rote Blume das hört, wird sie traurig. Sie sucht nun verzweifelt nach Wasser. Sie lässt ihre Wurzeln ganz tief in die Erde wachsen und hofft, so vielleicht irgendwo einen Tropfen Feuchtigkeit zu finden. Aber es gibt kein Wasser. Wirklich alles ist ausgetrocknet. »Dann muss ich eben auf den Herbst warten«, murmelt die große rote Blume ein wenig enttäuscht. »Vielleicht regnet es dann mehr und ich kann meine Blätter nachwachsen lassen.«

Endlich ist es Herbst. Die Tage sind kühler geworden. Auf den Regen muss die große rote Blume nun nicht mehr lange warten. Die ersehnten Regentropfen fallen vom Himmel, nur, jetzt will es nicht mehr aufhören. Es regnet sieben Tage und sieben Nächte ununterbrochen. Die große rote Blume muss ihren Blütenkelch immer wieder kippen, weil sich zu viel Wasser darin sammelt und ihr Stängel wegen des zusätzlichen Gewichts zu brechen droht. Aber sie freut sich dennoch: »Endlich gibt es genügend Wasser und ich kann meine Blätter nachwachsen lassen.« Doch sie kann so viel Wasser trinken, wie sie will, ihre verdorrten Blätter wachsen nicht mehr nach. So muss die große rote Blume auch während des ganzen Herbstes ohne Blätter im Garten stehen. Kein Spaziergänger bestaunt sie mehr. Alle gehen an ihr vorbei, ohne ein Wort zu sagen. Die große rote Blume ist traurig.

Die Tage werden kürzer. Es bläst ein kalter Wind. Schon fallen die ersten Schneeflocken. Damit der Blütenkelch der großen roten Blume sich nicht mit Schnee füllt, verschließt sie ihn ganz. »Ich hätte nicht gedacht, dass es im Winter so kalt sein wird«, sagt sich die frierende große rote Frühlingsblume. »Und Schnee fällt auch immer mehr vom Himmel«, murmelt sie. Ja, es schneit unaufhörlich. Die Schneedecke wird so dick, dass von der großen roten Blume nur noch der Blütenkopf zu sehen ist. »Ich kann meinen Stängel vor lauter Schnee gar nicht mehr bewegen«, schimpft die Blume. »Der Winter gefällt mir überhaupt nicht«, sagt sie und schaut wütend und traurig zugleich umher. Doch es bleibt ihr nichts anderes übrig, als auf die ersten warmen Frühlingstage zu hoffen, die den Schnee allmählich schmelzen lassen. Und bis dahin weht noch einige Male ein bissig kalter Wind. Es ist so kalt, dass ihre roten Blütenblätter gefrieren.

Als es Frühling wird und die Sonne die Schneedecke wegzaubert, ist die große rote Blume sehr müde. »Eigentlich sollte ich, da es nun Frühling wird, von Neuem blühen. Aber meine Idee, ein ganzes Jahr lang zu blühen, war wohl nicht so gut. Ich bin jetzt müde und will nur noch schlafen, einfach nur schlafen«, sagt die große rote Blume gähnend. Und tatsächlich, diesen Frühling blüht die große rote Blume nicht. Sie schläft während der ganzen Blütezeit und sammelt Kraft, damit sie im nächsten Frühling wie alle anderen Frühlingsblumen wieder blühen kann.

Die Autorin

Pia Kempf-Schmid

1969 habe ich in Baar (ZG) das Licht der Welt erblickt. Nach der Ausbildung zur Kindergärtnerin arbeitete ich während 11 Jahren an den Schulen von Baar. Bereits damals entdeckte ich die Freude am eigenen Schreiben. Um meine Schreibkenntnisse zu vertiefen absolvierte ich einen dreijährigen Fernkurs zum Thema Schriftstellerei und Journalismus. Nebst einer Büroteilzeitarbeit und gelegentlichen Stellvertretungen im Kindergarten schreibe ich nun mit Begeisterung Kindergeschichten.

Die Illustratorin

Cornelia Mock

Ich bin 1963 in Zug geboren. Meine Kindheit und Jungend verbrachte ich in Menzingen, und da absolvierte ich auch meine Schulzeit. Von 1980 bis 1985 liess ich mich am Seminar Bernarda zur Lehrerin für Textiles Gestalten und Hauswirtschaft ausbilden. Seit dieser Zeit übe ich diesen kreativen Beruf aus. In der Freizeit male und zeichne ich gerne.